Spanisch im Beruf

Esp@ñol
Profesional 1

Arbeitsbuch

Cornelsen

Esp@ñol Profesional 1
Arbeitsbuch
Spanisch im Beruf

Im Auftrag des Verlages erarbeitet von Gloria Bürsgens

Redaktion: Christine Beck und Anita Thomas (verantwortliche Redakteurinnen)
Dr. Gunther Weimann (Projektleitung)

Lektorat: Martin B. Fischer (Barcelona) sowie Carmen Hernández (Barcelona)

Illustration: Gerardo Pérez
Umschlaggestaltung: Knut Waisznor
Layoutkonzept und technische Umsetzung: graphitecture book, Laurence Aubineau
Umschlagfotos: Mauritius/age fotostock: © Larrea (rechts) – Mauritius: © Nonstock, Inc. (oben links, unten links);
© The Copyright Group (Mitte links)

 http://www.cornelsen.de

1. Auflage, 1. Druck 2005

Alle Drucke dieser Auflage sind inhaltlich unverändert
und können im Unterricht nebeneinander verwendet werden.

© 2005 Cornelsen Verlag, Berlin

Das Werk und seine Teile sind urheberrechtlich geschützt.
Jede Nutzung in anderen als den gesetzlich zugelassenen Fällen bedarf
der vorherigen schriftlichen Einwilligung des Verlages.
Hinweis zu § 52 a UrhG: Weder das Werk noch seine Teile dürfen ohne eine
solche Einwilligung eingescannt und in ein Netzwerk eingestellt werden.
Dies gilt auch für Intranets von Schulen und sonstigen Bildungseinrichtungen.

Druck: CS-Druck CornelsenStürtz, Berlin

ISBN 3-464-20080-9

Bestellnummer 200809

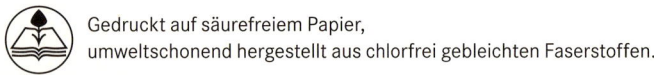
Gedruckt auf säurefreiem Papier,
umweltschonend hergestellt aus chlorfrei gebleichten Faserstoffen.

Índice

	Vorwort	5
Introducción	¡Bienvenidos!	6
Lección 1	Una cita	10
Lección 2	La llegada de los clientes	15
Lección 3	¿De dónde es usted?	20
Lección 4	¡En español, por favor!	25
Lección 5	¡Adelante, señores!	30
Lección 6	Estamos muy satisfechos	36
Lección 7	¿Hay algo de nuevo?	41
Lección 8	¿Qué tal el día?	46
Lección 9	Al día siguiente	51
Lección 10	Productos estupendos	56

Lección 11	No es nada grave	61
Lección 12	Marca registrada	66
Lección 13	La plantilla de personal	71
Lección 14	Planes y proyectos	77
Lección 15	Citas y fechas	82
Lección 16	Cambio de programa	88
Lección 17	Nos mantenemos en contacto	93
Lección 18	Una verdadera catástrofe	98

Symbole

 schriftliche Übung

 Die Lösung der Aufgabe steht im Lösungsschlüssel.

 schwierige Übung

Vorwort

Esp@ñol Profesional 1 auf einen Blick

Ob in der Ausbildung, im Studium oder berufstätig, *Español Profesional* ist das Lehrwerk für alle, die Spanisch von Anfang an lernen und in kürzester Zeit ihre sprachliche Kompetenz für den Beruf Schritt für Schritt entwickeln möchten.

Español Profesional ist ein kommunikativ ausgerichtetes Grundstufenlehrwerk, das die praktischen Erfordernisse der Kommunikation in Wirtschaft und Handel in den Mittelpunkt stellt. Das zweibändige Lehrwerk führt zur Niveaustufe B1 des Gemeinsamen europäischen Referenzrahmens und bereitet auf das „Certificado de Español Comercial" sowie auf das Europäische Sprachenzertifikat Spanisch vor.

Für alle, die noch etwas intensiver üben wollen, bietet das Arbeitsbuch weiterführende Übungen, die selbstständig zu Hause oder im Kurs bearbeitet werden können. Jede *Lección* ist gegliedert nach den Bereichen
- *Vocabulario*,
- *Gramática* und
- *Comunicación*.

Je nach Bedarf können Schwerpunkte gesetzt und ein jeweils passendes „Lernmenü" zusammengestellt werden. Die *Lecciones* schließen jeweils mit einem spanisch-deutschen *Panel profesional*, das die wichtigsten berufsbezogenen Redewendungen zusammenfasst.

Unter www.cornelsen.de gibt es für die Arbeit mit *Español Profesional* ein Zusatzangebot für Lehrende und Lernende.

Viel Spaß beim Üben mit dem Arbeitsbuch *Español Profesional 1* wünschen Ihnen die Autorin und der Cornelsen Verlag!

Introducción ¡Bienvenidos!

VOCABULARIO

1 Profesiones Berufe

1 Welches Bild zeigt welchen Beruf?

| cocinero/-a   médico/-a   profesor/a   taxista   electricista   fotógrafo/-a   pianista   camarero/-a   arquitecto/-a |

2 Schreiben Sie neun Sätze.

Ejemplo:
Anastasia es profesora.

| Francisco   Mariano   Rodolfo   Diego   Sr. Campos |

| Anastasia   Fernanda   Susana   Sra. González |

¿Cómo aprender?

Wie soll man Vokabeln lernen?
Teilen Sie die Vokabeln in Gruppen ein. Die Kriterien der Einteilung bestimmen Sie selbst: schöne Wörter, schwere Wörter, Berufswörter usw. Wichtig ist, dass die Wörter Ihrer Meinung nach etwas gemeinsam haben.

Sprechen Sie jedes neue Wort laut aus und versuchen Sie, es sich bildlich vorzustellen.
Wenn Sie mit Ihren Gefühlen dabei sind – egal ob positiv oder negativ –, prägen sich die neuen Vokabeln noch besser ein.

2 Entrene su fantasía. Trainieren Sie Ihre Fantasie.

| café con leche | paella | tortilla | tequila | sangría | agua mineral sin gas | chocolate con churros |

1 Relacione. Ordnen Sie die Fotos zu.

2 Schließen Sie die Augen: Sie sind müde und abgespannt und Sie stellen sich vor, wie schön jetzt ein heißer Milchkaffee wäre ... „¡Mm, café con leche!"

3 Ordnen Sie die Nahrungsmittel in zwei Gruppen: solche, die Sie besonders mögen, und solche, die Sie weniger mögen.

¡Mmm...!	¡Bah...!
café con leche	agua mineral sin gas

3 Ordene. Ordnen Sie.

Ordnen Sie die Angaben nach der Anzahl.

____ seis euros   ____ once arquitectos   ____ tres teléfonos   ____ siete camareros

____ cinco señoras   ____ nueve profesoras   ____ diez amigos   _1_ una fábrica

____ dos problemas   ____ cuatro hoteles   ____ ocho programas   ____ doce números

GRAMÁTICA

4 Los artículos Die Artikel

> **Achtung!** Problema und programa sind maskulin!

Schreiben Sie die Vokabeln von Übung 3 mit den Artikeln auf.

el	los	la	las
el euro	los euros	la señora	las señoras

5 Femenino y masculino Feminin und maskulin

Complete. Ergänzen Sie die fehlende Form.

feminin	maskulin	feminin	maskulin
las amigas	los amigos		un médico
unas señoras			el secretario
la bioquímica			los profesores
la directora			el programador
una taxista			unos fotógrafos

6 ¿Quién? Wer?

1 Complete.

_____ ich   _____ du   **él** er   _____ sie   _____ Sie

2 Complete.

1. Ana es mi secretaria. _____ es de Bilbao.
2. Buenas tardes, _____ soy Marta Gómez. ¿Y _usted_ ?
3. _____ soy Pedro Peralta Ramos.
4. Rosa es una amiga. _____ es electricista.
5. _____ es Carmen y _____ es un amigo de Carmen.
6. _____ soy de Bilbao, ¿y _____ ? (du)
7. ¿Quién es Carlos Caballero? – Es _____ . ¡Ah! ¿Y quién es Ramona Ramírez? – Es _____ .
8. ¡Hola, buenos días! ¿El señor Pérez, es _____ ? (Sie) – No, mi nombre es Díaz.

COMUNICACIÓN

7 Saludos   Begrüßungen

| Buenas tardes | Buenos días | Hola | Buenas noches |

Am Vormittag: _____   Am Abend: _____

Am Nachmittag: _____   Immer: _____

8 ¿Quién es usted?   Wer sind Sie?

Was sagen Sie, wenn Sie …

… sagen möchten, wer Sie sind?   _Yo soy …_____

… sagen möchten, woher Sie kommen? _____

… wissen möchten, was etwas bedeutet? _____

… wissen möchten, wer jemand ist?   _____

9 Dos diálogos   Zwei Dialoge

Übersetzen Sie.

1. Dos arquitectos
A Guten Tag, ich bin Ana Rosa Amado.
B Guten Tag, Frau Amado. Ich bin Manuel Ferrara, ich bin aus Sevilla.
A Ach ja? Ich bin auch aus Sevilla. Ich bin Architektin.
B Und ich bin Architekt!

2. ¡Qué interesante!
A Hallo, ich bin Mercedes, ich bin die Programmiererin.
B Hallo, Mercedes. Ich bin Lola, ich bin Fotografin. Ich komme aus Madrid.
A Wie interessant!

Lección 1 — Una cita

VOCABULARIO

1 ¿Qué es esto? Was ist das?

Complete. Ergänzen Sie die fehlenden Vokale und den Artikel.

Esto es …

1. una casa .   2. ____ b_r ____ .   3. ____ r_st__r_nt .

4. ____ pl_z_ ____ .   5. ____ f_br_c_ ____ .   6. ____ _f_c_n_ ____ .

2 ¿Oficina o aeropuerto?

1 Relacione. Ordnen Sie die Wörter den Begriffen im Zentrum der Wörternetze zu.

| el teléfono   el e-mail   el vuelo   el número de vuelo   el mensaje   el maletín   la puerta |
| la información   el cliente   la cita   el fax   la salida   la carta   la llegada |

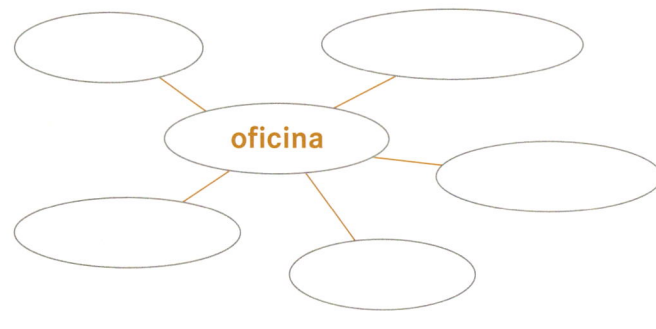 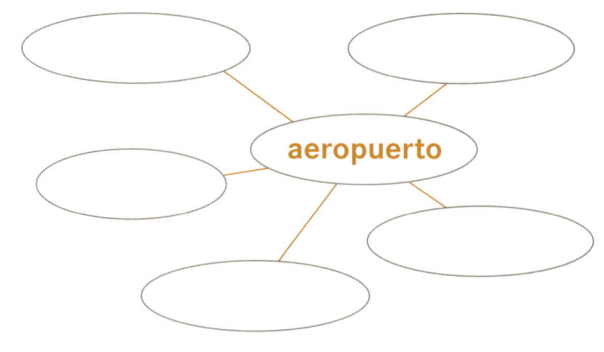

2 Welche Wörter fallen Ihnen noch ein? Ergänzen Sie!

3 "Pequeñas" palabras „Kleine" Wörter

¿Qué significa? Was bedeuten die Wörter in diesen Sätzen?

1. ¿Y usted? ¿**Quién** es? – **Mi** nombre es Gabriela García.
2. ¡Hola! ¿**Cómo** estás? – Regular, ¿y tú? – **Muy** bien, gracias.
3. ¿**Dónde** es la cita? – La cita es **en** el hotel Continental.
4. Estoy **con** Merche en un bar. – ¡Ah! **Muchos** saludos a Merche.
5. ¿Qué es **esto**? – Es una carta de un amigo. – ¿**Sin** nombre?
6. Carmen **también** está en Alemania **ahora**.

> **¿Cómo aprender?**
> Vokabeln lernt man am besten immer im Kontext. Das gilt ganz besonders für die „kleinen" Wörter, die man nicht so leicht im Kopf behält. Wenn man sich dagegen **agua mineral sin gas** merkt, dann hat man **sin** schon gelernt.

GRAMÁTICA

4 Ser y estar

Complete. Ergänzen Sie die Konjugationstabellen.

	ser		**estar**
yo	soy	yo	_____
tú	_____	tú	_____
él/ella/usted	_____	él/ella/usted	_____
nosotros/-as	somos	nosotros/-as	_____
vosotros/-as	_____	vosotros/-as	estáis
ellos/ellas/ustedes	_____	ellos/ellas/ustedes	están

5 En un bar

Complete con las preposiciones. Ergänzen Sie die Präpositionen.

1. Estamos _____ un bar, _____ unos amigos.
2. El bar está _____ la Plaza _____ Castilla.
3. ¡Oiga! Una tortilla _____ patata y un agua mineral _____ gas.
4. ¿Chocolate _____ churros? – Sí, gracias.
5. ¿Café _____ leche? – Sí, _____ favor.
6. Mañana vamos _____ Madrid. – ¡Qué bien!
7. Gracias _____ el café, Pablo, y ¡saludos _____ Marta!
8. ¡_____ luego!

con	sin	de
por	hasta	a

6 ¿De dónde son?

Complete las frases. Ergänzen Sie die Sätze mit den passenden Verbformen.

1 *Ser*

1. ¿De dónde _____ usted? – _____ de Alemania, _____ programadora.
2. Ustedes _____ de Barcelona, ¿no? – Sí, Mercedes y yo _____ de Barcelona.
3. Y vosotros, ¿de dónde _____? – Yo _____ de Bilbao y ella _____ de Santiago.
4. Y tú, ¿de dónde _____? – Yo _____ de Buenos Aires y ellos _____ de aquí, de Madrid.

2 *Estar*

1. ¿_____ Raquel? – No, no _____, _____ en el bar.
2. ¡Hola! _____ (yo) en el bar, y tú, ¿dónde _____?
3. Nosotros _____ bien, gracias. ¿Y vosotros, como _____?
4. Buenas tardes, señor Pérez, ¿cómo _____ usted? – Bien, gracias. Y ustedes, ¿cómo _____?

3 *Ser/Estar*

1. Nosotros _____ amigos. – ¿_____ alemanes? – No, _____ españoles, de Córdoba.
2. ¿Ustedes _____ estudiantes? – No, nosotros _____ programadores.
3. ¿Dónde _____ la carta? – ¿Qué carta? – Ah, aquí _____. La carta _____ de unos clientes.
4. ¿De dónde _____ los clientes? _____ de Hamburgo.
   ¡Y mañana a las 8 h. _____ en el aeropuerto!

COMUNICACIÓN

7 Bien, gracias.

¿Recuerda los recursos? Erinnern Sie sich an die Redemittel?
Was sagen Sie, wenn Sie über das Befinden sprechen,
und was beim Abschiednehmen?
Streichen Sie die Redemittel durch, die nicht dazu passen.

> Bien, gracias.   Bien, también.   Hasta el centro.
> Hasta pronto.   Pues, regular.   Hasta ahora.   Hasta luego.
> ¿Cómo estás?   Muchas cucarachas.   Hasta mañana.
> ¿Qué paella?   ¿Cómo están ustedes?

¿Qué tal? – Wie geht's?

_____

_____

¡Adiós! – Tschüss!

Hasta ahora.

_____

8 ¿Preguntas?

Stellen Sie die passenden Fragen.

> ¿Qué es esto?   ¿Quién es?   ¿Qué significa?   ¿Dónde está?   ¿De dónde es?   ¿Cómo está?

1. _____ El señor Meyer es un cliente.
2. _____ Es de Alemania.
3. _____ Está en el aeropuerto.
4. _____ No está muy bien.
5. _____ Es un mensaje del señor Meyer.
6. _____ Maletín significa Aktenkoffer.

9 Por teléfono

Was sagen Sie, wenn Sie …

… sich am Telefon melden?

… einen Unbekannten etwas fragen möchten?

… von jemandem informell begrüßt werden?

… einen Freund auf etwas aufmerksam machen möchten?

… zustimmen?

H	U	H	H
N	O	D	O
S	Í	I	L
O	I	G	A
Y	X	A	X
E	Q	U	É

Sie finden die Lösungen in der Buchstabensuppe.

Lección 1 : trece : 13

10 Diálogos

Traduzca. Übersetzen Sie ins Spanische.

1. Está en Italia.

A Buenas tardes, señora Pérez. B Guten Abend, Frau Solana. Wie geht es Ihnen? _____

A Bien, gracias, ¿y usted? B Auch gut, danke. _____

A Y Carmen, ¿cómo está? B Gut, sie ist jetzt in Italien. _____

A Ah, muchos saludos. B Danke, bis bald. _____

2. Muchos saludos.

A Hallo, Amalia! Wie geht es dir? B Danke, gut. Und dir?
A Es geht so. B Und wie geht es Rodolfo?
A Es geht ihm gut. B Wo ist er jetzt?
A Er ist in Bilbao. Und wo ist Teresa? B Teresa ist mit Freunden in Mallorca.
A Gut, bis Morgen! B Tschüss! Und viele Grüße an Rodolfo!

Panel profesional

la carta	der Brief	Mañana vamos con Iberia a Barcelona.	Morgen fliegen wir mit Iberia nach Barcelona.
el e-mail	die E-Mail		
la cita	der Termin	A las ocho estamos en el aeropuerto.	Um acht Uhr sind wir am Flughafen.
el teléfono	das Telefon		
el móvil	das Handy		
el fax	das Fax	Estimado/-a ...	Sehr geehrte/r ...
la oficina	das Büro	Gracias por ...	Danke für ...
el cliente	der Kunde	Muchos saludos.	Viele Grüße.
la información	die Auskunft	¡Bienvenidos a España!	Willkommen in Spanien!

Lección 2 — La llegada de los clientes

VOCABULARIO

1 En el aeropuerto

Was passt nicht in die Reihe?

1. avión – casa – pasaporte – puerta – vuelo
2. cita – clientes – maletín – bicicleta – catálogos
3. aeropuerto – chocolate – aparcamiento – ascensor – información
4. coche – autobús – tren – metro – perro

2 ¿Dónde están los libros?

| avión   coche   barco   caballo   toro   regalo   libro   catálogo   foto   flores |

| mochila   bolso   maletín   maleta |

Ejemplo: Los libros están en el maletín del señor Peyer.

3 ¿Qué es esto?

Relacione. Verbinden Sie.

1 Bilden Sie Sätze.

Los clientes	1		a	está en el aeropuerto.
El avión de Hamburgo ya	2		b	está abajo.
Los catálogos	3		c	están en el maletín.
El maletín	4		d	está en el aparcamiento.
El coche	5		e	están en el avión.
El aparcamiento	6		f	está en el coche.

2 Suchen Sie die passende Antwort.

¿Es el coche de la fábrica?	1		a	Está aquí en el bolso.
¿Vamos a Barcelona?	2		b	Es de la fábrica.
¿Dónde está el ascensor?	3		c	Es un catálogo.
¿Con quién está Alicia hoy?	4		d	No, es el coche de Alicia.
¿De quién es el coche?	5		e	Nada más, gracias.
¿Dónde está el pasaporte?	6		f	Sí, ahora vamos.
¿Qué es esto?	7		g	Hoy está con los clientes.
¿Algo más?	8		h	Está allí.

4 "Pequeñas" palabras

Suchen Sie diese Wörter in den Sätzen der Übung 3 und übersetzen Sie sie.

ya _____	allí _____	hoy _____
algo _____	sí _____	ahora _____
nada _____	no _____	aquí _____

5 Hoy es lunes.

Busque los días de la semana en la sopa de letras. Suchen Sie die Wochentage in der Buchstabensuppe.

E	L	D	O	M	I	N	G	O	X
C	A	S	A	A	Q	U	E	S	O
X	M	I	É	R	C	O	L	E	S
J	D	E	L	T	C	O	C	H	E
U	L	U	N	E	S	L	O	L	A
E	S	O	N	S	Á	B	A	D	O
V	I	E	R	N	E	S	M	I	S
E	C	H	O	C	O	L	A	T	E
S	A	V	I	Ó	N	H	O	L	A

_____
_____
_____
_____
_____
_____
_____

GRAMÁTICA

6 ¿De dónde? – ¿De quién?

Complete. Ergänzen Sie die Präpositionen.

| de | del | de la | de las | de los |

1. el aparcamiento _____ fábrica
2. los catálogos _____ colegas
3. las flores _____ señora García
4. las mochilas _____ clientes
5. la moto _____ Alicia
6. el maletín _____ señor Meyer
7. los pasaportes _____ turistas
8. los regalos _____ amiga
9. el móvil _____ Gabriel
10. la Costa _____ Sol

7 Ustedes son de Madrid, ¿no?

Complete. Ergänzen Sie die Präpositionen.

| de | en | por | con | a |

1. _____ el aeropuerto de Hamburgo: "Bienvenidos _____ Alemania".
2. Ustedes son _____ Madrid, ¿no?
   – No, somos _____ Barcelona.
3. Gracias _____ el mensaje.
   – De nada. Gracias _____ los catálogos.
4. ¿Vamos _____ pie?
   – No, vamos _____ ascensor.
5. ¿Vamos _____ la fábrica?
   – Sí, claro. Vamos _____ taxi.
6. ¡Rrriiinnnggg! – ¿Dónde está el móvil? – Está _____ el maletín.
7. Un momento, _____ favor. ¿Hola? ¿Señor Rodriguez? Sí, ya estamos _____ Hamburgo. Ahora vamos _____ la fábrica _____ los señores alemanes.

8 Muchas preguntas

Complete. Ergänzen Sie die Fragewörter.

| ¿Qué? | ¿Quién/es? | ¿De quién/es? | ¿Cómo? |

1. ¿Dónde está la mochila? – ¿_____ mochila? – La mochila del señor Cabral. – Aquí está.
2. Y el bolso, aquí, ¿_____ es? – Es de Susana. – ¿_____ es Susana? – Es una amiga de Carlos.
3. Aquí están Pepe y Paco. ¿_____ son? – Son unos amigos de Manolo.
4. ¿_____ vamos a Madrid? – En coche. – ¡Hombre! ¿Vamos siete en un coche?
5. ¿_____ es la guitarra? – Es mi guitarra, gracias.
6. ¡Un momento! ¡El pasaporte! – ¿_____ pasaporte? No es mi pasaporte. – ¿No? Pero, ¿_____ es?

9 ¿Con o sin artículo?

Complete. Ergänzen Sie den Artikel, wenn es erforderlich ist.

Alicia: ¡Perdón! ¿Es usted _____ señor Meyer?

Sr. Meyer: Sí, soy yo, Stefan Meyer. ¡Buenos días, _____ señorita!

Alicia: Mucho gusto. Mi nombre es Alicia Alonso. ¡Bienvenido a España, _____ señor Meyer!

Sr. Meyer: Gracias, _____ señorita. Mi colega, _____ señor Schulte. Ella es _____ señorita Alonso.

Sr. Schulte: Mucho gusto, _____ señorita.

Alicia: Igualmente. ¡Bienvenido a Barcelona, _____ señor Schulte!

COMUNICACIÓN

10 Perdón, ¿es usted el señor Meyer?

¿Recuerda los recursos?
Erinnern Sie sich an die Redemittel?

um sich vorzustellen	para presentarse
Entschuldigung …	
Sind Sie Herr …?	
Ja, das bin ich.	
Ich heiße …	
Sehr erfreut!	
Gleichfalls!	

18 dieciocho Lección 2

11 ¡Hola, buenos días!

Dieser Dialog ist sehr informell gehalten. Schreiben Sie ihn so um, dass die drei Personen sich siezen.

A Hola, ¿qué tal? Mi nombre es Marcelo Benasque. ¿Tú eres Luis?
B Sí, soy yo, Luis Morales. Ella es Josefina Hurtado.
A Hola, Josefina. ¿Cómo estáis vosotros?
C Bien, gracias. ¿Y tú?
A Bien, también.

12 En la consigna In der Gepäckaufbewahrung

Übersetzen Sie ins Spanische.

A Guten Morgen!
B Guten Morgen! Meinen Rucksack, bitte. Hier ist die Nummer.
A Danke. Einen Augenblick bitte. Noch etwas?
B Ja, bitte auch die zwei Taschen dort.
A Ist das alles?
B Ach, der Aktenkoffer auch noch, bitte.
A Noch etwas?
B Nein, danke, das ist alles. Auf Wiedersehen!
A Moment mal – und das Handy hier?
B Oh ja, danke! Sehr nett von Ihnen.

Panel profesional

¡Perdón!	Entschuldigung!	Igualmente.	Gleichfalls.
¿Es usted el señor ...?	Sind Sie Herr ...?	¡Bienvenido/-a/-os/-as!	Willkommen!
Sí, soy yo.	Ja, das bin ich.	Es usted muy amable.	Sehr freundlich von Ihnen.
Mi nombre es ...	Ich heiße ...	Gracias.	Danke.
Mucho gusto.	(Sehr) angenehm.	De nada.	Keine Ursache.

Lección 3   ¿De dónde es usted?

VOCABULARIO

1 ¿Dónde están los edificios?

1 Markieren Sie, wo Sie die verschiedenen Gebäude finden können.

	el centro comercial	la calle principal	la torre de agua	el aeropuerto	las empresas	las casas nuevas	el club deportivo	las grandes fábricas	el hospital central	los edificios modernos	el museo de historia	la universidad	los institutos de tecnología	el colegio inglés	los bancos
el pueblo															
la ciudad	X														
la urbanización															
el polígono industrial	X														

2 Escriba diez frases.   Schreiben Sie zehn Sätze.

Ejemplo: Las casas nuevas están en la urbanización.

2 Un crucigrama

  Horizontales

1. No es una ciudad. Es un …
2. ¿Dónde está? – Está … la oficina.
3. No está a la derecha, está a la …
4. Madrid está en el … de España.
5. El bar está adelante y el supermercado …
6. No está muy lejos. Está … cerca.
7. No está aquí. Está …

Verticales

1. España está … Portugal y Francia.
2. Las fábricas están en el …
3. La ciudad no está en el río. Está … al río.
4. No está nada lejos. Está …
5. Está muy, muy cerca, está al …
6. El aparcamiento no está arriba. Está …
7. Adelante, atrás, a la izquierda y a la …

Bilbao es una __ __ __ __ __ __ __

__ __ __ __ __ __ __ __ __ .

3 ¿Dónde está?

1 Complete los diálogos. Ergänzen Sie die Minidialoge.

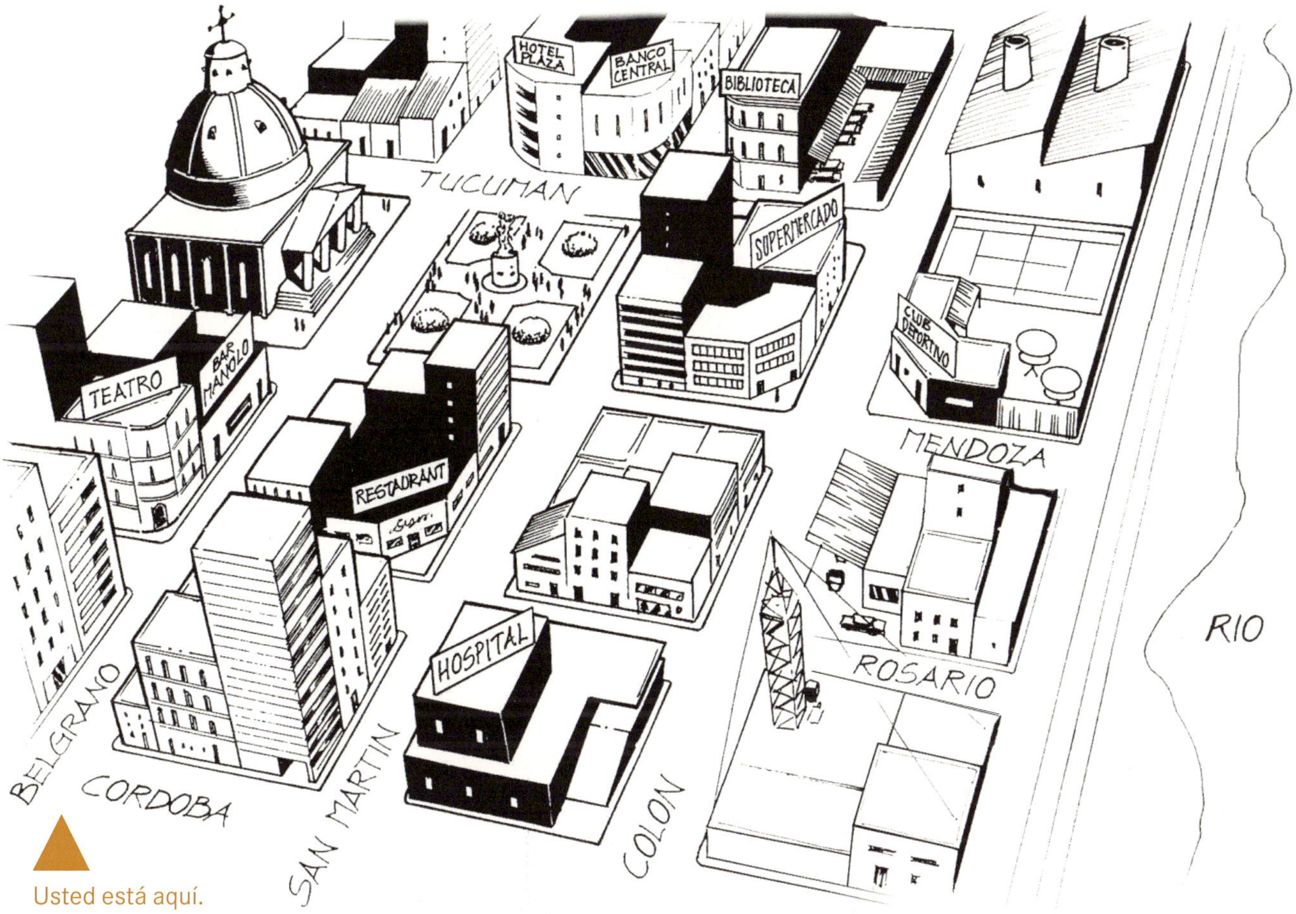

Usted está aquí.

1. **A** Perdón, el edificio de la Radio, ¿Está _____ de aquí?

   B Sí, señora. Está _____ la calle Colón, _____ del hospital.

2. **A** Oiga, ¿dónde está el Banco Central?

   B Está _____ la Plaza Mayor, _____ del Hotel Plaza.

3. **A** El polígono industrial, ¿está muy _____?

   B No, está bastante cerca. Está _____ del club deportivo, _____ al río.

4. **A** Oye, el bar Manolo, ¿está _____ en el centro?

   B Sí, claro, está _____ del teatro, allí, _____.

5. **A** Perdón, ¿un aparcamiento central?

   B ¿Un aparcamiento? Un momento. Ah, sí, _____ del supermercado, _____ de la biblioteca.

2 Suchen Sie in den Dialogen Signalwörter, die dazu dienen, die Aufmerksamkeit zu erregen.

Perdón,

4 ¿Está cerca?

1 Complete los diálogos. Ergänzen Sie die Minidialoge.

| cerca | lejos | unos | muy | en | a |

1. A ¿El hotel El Dorado está _____?
   B Sí, está muy lejos, está _____ el aeropuerto. Pero aquí _____ cinco minutos está el hotel Moderno.

2. A Perdón, ¿dónde está el hospital?
   B Está _____ unos 20 kilómetros del pueblo.

3. A ¿Está _____ el polígono industrial?
   B No, está _____ lejos, a una hora de Barcelona, a _____ 60 kilómetros.

4. A Oiga, señor, ¿el aeropuerto, por favor?
   B Está _____ del club de golf, _____ 10 kilómetros. En 15 minutos está allí.

2 Explique la diferencia. Erklären Sie den Unterschied.

a cinco kilómetros – a unos cinco kilómetros

5 ¿Cómo es?

Ordene los adjetivos.

amable	cultural	financiero	interesante	bonito	pequeño	turística	atractivo	antiguo
nuevo	internacional	comercial	blanco	histórico	famosa	simpático	español
importante	grande	industrial	viejo	inteligente	alemán	moderno

personas	cosas	personas + cosas
amable	cultural	interesante

GRAMÁTICA

6 ¿Cómo son?

1 Busque adjetivos. Suchen Sie passende Adjektive.

1. las empresas _____
2. una ciudad _____
3. un cliente _____
4. muchos edificios _____
5. la región _____

6. un señor _____
7. los pueblos _____
8. una urbanización _____
9. el centro _____
10. una señora _____

2 Schreiben Sie Sätze.

Ejemplo: Las empresas financieras españolas son muy importantes.

7 ¿De dónde? ¿Dónde? ¿En qué? ¿Cómo?

Complete con los interrogativos. Ergänzen Sie die Fragewörter.

1. ¿_____ son los clientes? – Son de Alemania.
2. ¿_____ están? – Están muy bien.
3. ¿_____ están hoy? – Están en Barcelona.
4. ¿_____ hotel están? – Están en el hotel Plaza.
5. ¿_____ está el hotel? – Está en el centro de la ciudad.
6. ¿_____ es el hotel? – Es excelente.
7. En un taxi: ¿_____ son ustedes? – Somos alemanes.
8. ¿_____ está el polígono industrial? – Está en Flores.

8 ¿Ser o estar?

Complete con los verbos. Ergänzen Sie die Verben.

1. Yo _____ alemán. Y tú, ¿de dónde _____? – _____ española, de Galicia.
2. ¿Dónde _____ Galicia? – _____ en el Norte de España, en la costa. Galicia _____ muy bonita.
3. Y vosotros, ¿de dónde _____? – Nosotros no _____ españoles, _____ colombianos.
4. Mi novio _____ de Perú. – ¿Dónde _____ tu novio? – Hoy _____ en casa. No _____ muy bien.
5. ¿Quiénes _____ los señores? – _____ unos traductores. – ¡Ah, qué interesante!
   – ¿_____ también en el hotel Plaza? – Sí, sí. – _____ americanos, ¿no?

COMUNICACIÓN

9 En un seminario internacional

Stellen Sie die passenden Fragen.

¿Cómo es tu ...?	Mi nombre es Olga Gómez.
_____	Soy argentina, de La Rioja.
_____	En el Oeste, cerca de Chile.
_____	Es una región muy bonita.
_____	¡Qué va! ¡Está muy lejos de la costa!
_____	Sí, estoy también en el seminario.
_____	Estoy en el hotel Esplendor, en la Gran Vía.
_____	Número 14.

10 ¡Qué va!

Sagen Sie das Gegenteil.

1. El aparcamiento está arriba.　　　　　　El aparcamiento ...
2. La empresa Torres es internacional.　　La empresa ... (eine spanische Firma)
3. Los edificios son bastante antiguos.　　Los edificios ...
4. Las fábricas están lejos del aeropuerto.　Las fábricas ...
5. La señorita Alicia no es muy amable.　　La señorita Alicia ... (sehr nett)
6. En el coche, el señor Meyer está detrás.　El señor Meyer ...
7. El móvil de Alicia es supermoderno.　　El móvil de Alicia ... (ziemlich alt)
8. Los clientes son españoles.　　　　　　Los clientes ... (sind Deutsche)
9. Las fábricas son nuevas.　　　　　　　Las fábricas ...
10. El polígono industrial es grande.　　　El polígono industrial ...

11 Una postal

Schreiben Sie einem Freund. Beschreiben Sie, wo Sie wohnen (Ihre Stadt, Ihre Gegend usw.).

¿Qué es?
una ciudad – una urbanización –
un pueblo – una región ...

¿Dónde está?
(bastante) cerca de – (no) (muy) lejos de –
entre – a unas tres horas – a cinco minutos (de) –
a 12 kilómetros de – junto a ...

¿Cómo es?
grande – pequeño – moderno ...

---

24 de junio de 2005

¡Hola Tim!

Ya estoy en España. Mi casa está en "Los Pinos".
Los Pinos es una urbanización nueva. No es muy grande, pero es muy bonita y muy moderna.
La urbanización está entre Marbella y Granada. Está bastante cerca de la playa, en una región muy atractiva.

Un abrazo y ¡hasta pronto!

Nora

Tim Schuster
Rheinstr. 79
D – 53179 Bonn
ALEMANIA

12 La gerente general

Übertragen Sie den Dialog ins Spanische.

A		B
Sind Sie der Geschäftsführer?	→	Nein, ich bin der Sekretär.
Wer ist der Geschäftsführer, bitte?	→	Es ist Frau Peralta Ramos.
Ah, ist sie im Büro?	→	Nein, sie ist heute nicht im Büro.
Was für ein Problem! Und morgen?	→	Morgen ist sie mit Kunden in Madrid. **(con unos clientes)**
Dann, schöne Grüße!	→	Danke. Auf Wiedersehen.

Panel profesional

La empresa
La fábrica nueva está en el polígono industrial.
¿Y dónde está el polígono industrial?
¿Quién es el señor ... / la señora ...?
Y usted, ¿es la traductora/intérprete?
¿El señor ... está en la oficina?

Die Firma
Die neue Fabrik befindet sich im Industriegebiet.
Und wo liegt das Industriegebiet?
Wer ist Herr ... / Frau ...?
Und Sie? Sind Sie die Übersetzerin/Dolmetscherin?
Ist Herr ... im Büro?

Lección 4 — ¡En español, por favor!

VOCABULARIO

1 Pescar sílabas   Silben angeln

ca	co	en	in	ma	ma	mu	ni	no	ñol	ble	pre	pro	es	se
do	pa	je	ta	ta	te	te	tér	tre	idio	via	vis	gun	suer	ción

el ____viaje____ die Reise   el/la _____ Dolmetscher/in

el _____ die Sekunde   la _____ Notiz

el _____ die Sprache   la _____ das Interview

el _____ das Problem   la _____ Kommunikation

la _____ das Glück   el _____ die spanische Sprache

2 ¿Dónde se habla qué?

1 Complete. Ergänzen Sie die Ländernamen.

español	_____	polaco	_____	noruego	_____
holandés	_____	inglés	_____	checo	_____
italiano	_____	portugués	_____	sueco	_Suecia_
finlandés	_Finlandia_	griego	_____	alemán	_____
danés	_Dinamarca_	francés	_____	húngaro	_Hungría_

2 Complete.

| gallego   náhuatl   portugués   francés   aimará   vasco   guaraní   catalán   quechua   inglés |

En España se habla español, _____,

_____ y _____.

En América se habla español, _____,

_____, _____,

_____, _____

_____ y _____.

3 "Pequeñas" palabras

Relacione.

un poco [1]   a ziemlich
casi nada [2]   b fast alles
un poquito [3]   c sehr wenig
casi todo [4]   d ziemlich gut
bastante [5]   e viel
muy poco [6]   f ein bisschen
bastante bien [7] g nichts
sólo [8]   h ein kleines bisschen
mucho [9]   i fast nichts
nada [10]   j nur

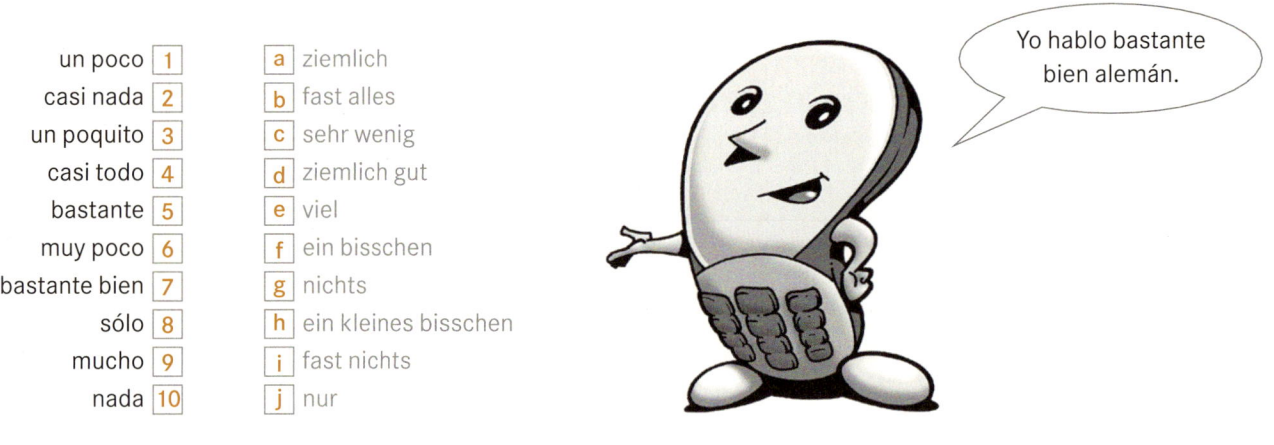

Yo hablo bastante bien alemán.

4 No sólo hablar ...

1 Sammeln Sie alle Verben, die mit „Sprache" zu tun haben.

| sprechen   verstehen   lesen   schreiben   übersetzen   lernen |

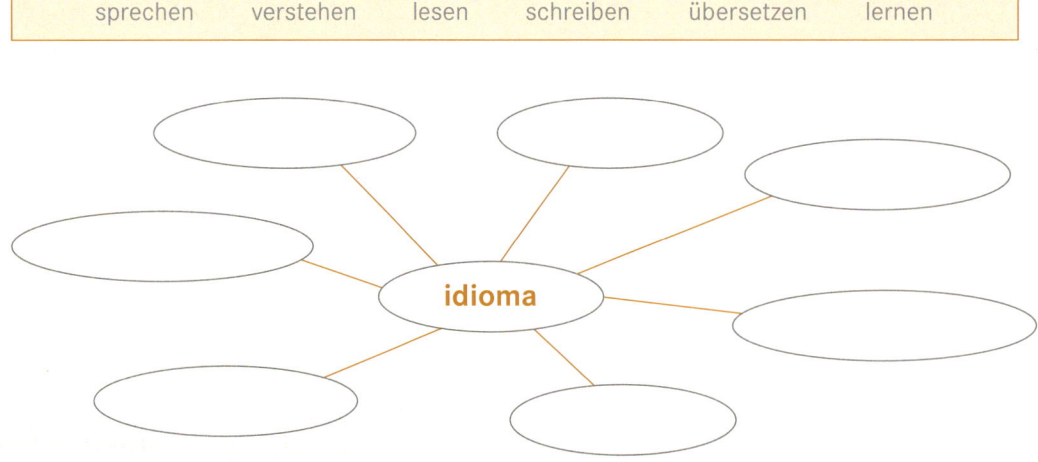

2 Fallen Ihnen noch mehr Verben ein? Ergänzen Sie!

26 veintiséis Lección 4

5 Nuevas palabras

1 Bilden Sie neue Wörter, indem Sie jeweils zwei Buchstaben übernehmen und zwei austauschen.

P	E	R	O
			O

2 Schreiben Sie einen Satz mit jedem Wort.

GRAMÁTICA

6 Pronombres

Complete. Ergänzen Sie die fehlenden Personalpronomen.

1. _____ trabajo en una fábrica. Y _____, ¿dónde trabajáis?

   _____ trabajamos en una oficina en Santiago de Compostela.

2. Buenas tardes, señora Sánchez, ¿cómo está _____?

   Muy bien gracias, ¿y _____ (Sie, Pl.)?

   _____ estamos bien, también.

3. ¿Quiénes son? – Son Uli y Ute. _____ estudian español.

   ¿Y hablan bien? – _____ (sie) sí, pero _____ (er) no.

4. ¿_____ hablas sólo inglés? – No, _____ hablo también francés.

7 ¿*Usted* o *ustedes*?

1 Complete. Ergänzen Sie die fehlenden Personalpronomen.

A En seguida estoy con _____, señores. Un minuto por favor.

   ¿Es _____ el Sr. González?

B Sí, soy yo. Él es mi socio, el Sr. Casas.

A Encantada. ¿Cómo están _____? ¿Qué tal el viaje?

B Bien, gracias, todo bien, por suerte.

A Bienvenidos a Alemania.

B Gracias, es _____ muy amable.

2 Complete con el verbo. Ergänzen Sie das Verb.

1. ¿Ustedes _____ un taxi? – No, gracias, vamos a pie.

2. ¿Usted _____ el técnico, no? – Sí, yo soy el técnico.

3. ¿De dónde _____ ustedes? – De Caracas.

4. Buenas noches, señora, ¿cómo _____ usted?

Lección 4 : veintisiete : 27

8 Verbos

Complete con los verbos. Ergänzen Sie die Verben.

1. ¿Y tú? ¿_____ algo? – No, no _____ nada, gracias. (necesitar)
2. ¿Qué _____ la empresa? – _____ chocolate. (exportar)
3. Marta y Pablo _____ en el ascensor. (hablar)
4. Ellos _____ de Barcelona, pero ahora _____ en Madrid. (ser – estar)
5. Carlos _____ un mensaje y _____ un e-mail. (leer – escribir)
6. Elena y Rosa _____ alemán. Ya _____ bastante. (estudiar – comprender)
7. Ellas _____ mucho, pero _____ poco. (estudiar – hablar)
8. Y vosotros, ¿_____ mensajes o _____ por teléfono? (escribir – hablar)

COMUNICACIÓN

9 En un avión a Chile

Ordene. Ordnen Sie den Dialog.

- [ ] Buenos días, señora. Bienvenida a bordo.
- [ ] No, no, gracias. Leo mi libro. ¡Es muy interesante!
- [ ] Aquí, a la izquierda, señora. ¿Necesita algo?
- [ ] No, nada más, gracias.
- [ ] Sí, mi maletín es muy grande y no sé dónde ...
- [ ] ¿Y algo para tomar? ¿Un café?
- [ ] Buenos días. ¿Dónde está la primera clase?
- [ ] El maletín no es problema. ¿Algo más?
- [ ] Eso sí, por favor.
- [ ] Bueno, ¿Algo para leer? ¿Periódicos?

10 Con un colega catalán

Traduzca.

A Welche Sprache spricht man bei Ihnen in der Firma (en la empresa)?
B In der Firma sprechen wir Deutsch, aber auch viel Englisch. Und Sie? (Pl.)
A Wir sprechen hier Katalanisch und Spanisch, aber mit vielen Kunden sprechen wir auch Englisch.
B Sie verstehen aber auch Französisch oder?
A Ein bisschen, aber nicht sehr gut. Und jetzt, seit April, lerne ich Deutsch.
B Ah ja, und verstehen Sie schon etwas?
A Nicht viel, es ist sehr schwierig.

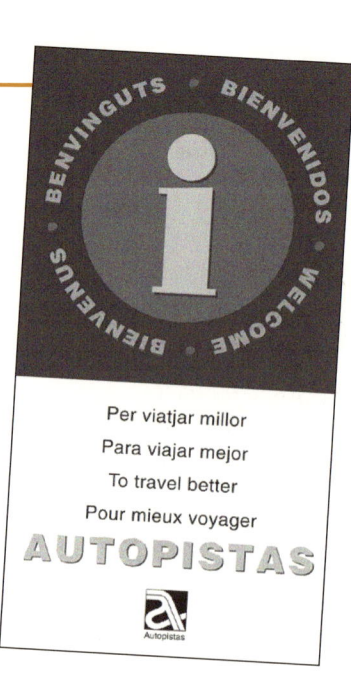

28 | veintiocho | Lección 4

11 El cuadrado mágico Das magische Quadrat

An der Fassade der Sagrada Familia in Barcelona findet man ein so genanntes magisches Quadrat mit sechzehn Feldern. Man kann die Zahlen in waagerechter, senkrechter oder diagonaler Richtung addieren und ihre Summe ist immer gleich.

1 Probieren Sie es aus!

Ejemplo: Uno más catorce más catorce más cuatro son treinta y tres. Uno más once más …

_____

_____

_____

_____

| + más (y) | = son |

2 Ahora usted. Sie können auch „zaubern": Stellen Sie Zahlen von 1 bis 9, ohne zu wiederholen, in das Raster. Das Ergebnis soll 15 sein. (Es gibt mehrere Lösungen.)

Panel profesional

¿El señor Meyer?	Sind Sie Herr Meyer?
Sí, exactamente. / Sí, soy yo.	Ja, genau. / Ja, der bin ich.
Enseguida estoy con usted.	Ich bin sofort bei Ihnen.
Un segundo, por favor.	Eine Sekunde bitte.
Soy la secretaria de …	Ich bin die Sekretärin von …
¿Qué tal el viaje?	Wie war die Reise?
Gracias, todo bien, por suerte.	Danke, gut, zum Glück.
¿Usted habla español?	Sprechen Sie Spanisch?
Algo comprendo, pero hablo poco.	Etwas verstehe ich, aber ich spreche nur wenig.
Ella habla bastante bien.	Sie spricht ziemlich gut.
Yo no hablo casi nada de …	Ich spreche fast gar kein …

Lección 5 — ¡Adelante, señores!

VOCABULARIO

1 Grandes amigos – verbos y sustantivos

Busque el sustantivo correspondiente. Suchen Sie das entsprechende Substantiv.

fabricar _____   producir _____   regalar _____

vender _____   preguntar _____   trabajar _____

2 Fuga de vocales   Vokalflucht

Complete.

__h__r__   __d__l__nt__   __y__r   __b__j__o   __rr__b__

b__nv__n__d__s   __nh__r__b__n__   t__mb__n   t__mp__c__   n__nc__

3 Conceptos compuestos   Zusammengesetzte Begriffe

Wie viele zusammengesetzte Begriffe können Sie bilden?

el jefe / la jefa	la visita	Substantiv + de + Substantiv
las muestras	la producción	*el jefe de ventas*
la tarjeta	las ventas	
la planta	los productos	
el número	la feria	
el recinto	el teléfono	

4 Los meses del año

1 Lesen Sie den Merkspruch und lernen Sie ihn auswendig.

Treinta días trae* noviembre, con abril, junio y septiembre.
De veintiocho sólo hay uno, y los demás**, treinta y uno.

2005

ENERO	FEBRERO	MARZO	ABRIL	MAYO	JUNIO
L 3 10 17 24 31	L 7 14 21 28	L 7 14 21 28	L 4 11 18 25	L 2 9 16 23 30	L 6 13 20 27
M 4 11 18 25	M 1 8 15 22	M 1 8 15 22 29	M 5 12 19 26	M 3 10 17 24 31	M 7 14 21 28
M 5 12 19 26	M 2 9 16 23	M 2 9 16 23 30	M 6 13 20 27	M 4 11 18 25	M 1 8 15 22 29
J 6 13 20 27	J 3 10 17 24	J 3 10 17 24 31	J 7 14 21 28	J 5 12 19 26	J 2 9 16 23 30
V 7 14 21 28	V 4 11 18 25	V 4 11 18 25	V 1 8 15 22 29	V 6 13 20 27	V 3 10 17 24
S 1 8 15 22 29	S 5 12 19 26	S 5 12 19 26	S 2 9 16 23 30	S 7 14 21 28	S 4 11 18 25
D 2 9 16 23 30	D 6 13 20 27	D 6 13 20 27	D 3 10 17 24	D 1 8 15 22 29	D 5 12 19 26

JULIO	AGOSTO	SEPTIEMBRE	OCTUBRE	NOVIEMBRE	DICIEMBRE
L 4 11 18 25	L 1 8 15 22 29	L 5 12 19 26	L 3 10 17 24 31	L 7 14 21 28	L 5 12 19 26
M 5 12 19 26	M 2 9 16 23 30	M 6 13 20 27	M 4 11 18 25	M 1 8 15 22 29	M 6 13 20 27
M 6 13 20 27	M 3 10 17 24 31	M 7 14 21 28	M 5 12 19 26	M 2 9 16 23 30	M 7 14 21 28
J 7 14 21 28	J 4 11 18 25	J 1 8 15 22 29	J 6 13 20 27	J 3 10 17 24	J 1 8 15 22 29
V 1 8 15 22 29	V 5 12 19 26	V 2 9 16 23 30	V 7 14 21 28	V 4 11 18 25	V 2 9 16 23 30
S 2 9 16 23 30	S 6 13 20 27	S 3 10 17 24	S 1 8 15 22 29	S 5 12 19 26	S 3 10 17 24 31
D 3 10 17 24 31	D 7 14 21 28	D 4 11 18 25	D 2 9 16 23 30	D 6 13 20 27	D 4 11 18 25

*traer bringen
**los demás die übrigen

2 Busque los meses del año en la sopa de letras.
Suchen Sie die Monatsnamen in der Buchstabensuppe.

H	O	L	A	A	G	O	S	T	O	A	L
A	S	I	N	O	V	I	E	M	R	E	X
S	A	B	E	R	D	E	P	A	D	R	E
T	E	N	E	R	B	U	T	C	O	S	I
A	Q	U	I	A	B	R	I	L	D	E	L
O	Y	A	M	X	E	N	E	R	O	N	O
I	X	D	I	C	I	E	M	B	R	E	X
N	U	N	C	A	F	E	B	R	E	R	O
U	F	M	A	S	M	A	R	Z	O	X	Y
J	U	L	I	O	E	L	E	F	A	N	T

3 Escriba los meses. Schreiben Sie die Monate in die folgende Tabelle.

meses de 28 ó 29 días	meses de 30 días	meses de 31 días

4 Geben Sie fünf für Sie wichtige Termine an.

Ejemplo: El 17 de agosto vamos a Mallorca. El 8 de abril estoy en la feria de ...

GRAMÁTICA

5 En una fiesta

Complete con el determinante posesivo. Setzen Sie den Possessivbegleiter in der passenden Form ein.

A Hola, Gabriela, ¿qué tal?

B Bien, bien. Él es Rodrigo, m_____ novio. Rodrigo, m_____ amigo Fernando.

A ¡Ah, hola Rodrigo!

C Hola Fernando. ¿Luis y Luisa son t_____ amigos?

A Sí, están aquí, ¿por qué?

C También son m_____ amigos.

A ¡Qué bien! Oh, allí está Andrea, n_____ amiga de Alemania.

B ¿La chica rubia? ¡Qué alta! Pero, ¿está sola?

A Sí, s_____ novio está en Alemania y s_____ amigas también. ¡Hola, Andrea! ¿Que tal?

D Muy bien, ya no estoy sola, ¡v_____ amigos son muy amables!

| mi | mis | nuestro/-a | tu |
| tus | vuestros/-as | su | sus |

6 En un restaurante

Complete.

1. Para _____ (mich) un vino tinto.
2. ¿Y para _____ (euch)?
3. Para _____ (uns) también.
4. ¿Y para _____, (dich) Yolanda?
5. Para _____ (mich) nada, gracias.
6. ¿Y para los niños? – Para _____ agua mineral.
7. ¿Para quién es la paella?, ¿para la señora? – Sí, es para _____.
8. ¿Otra cerveza? – Sí, bueno. – Para _____ (uns) también, por favor.
9. ¿Y para _____, señoras? – Para _____ una sangría.
10. ¿Y para _____, señor? – Para _____ nada más, gracias.

mí	ti	él	ella	usted
nosotros/-as		vosotros/-as		
ellos		ellas		ustedes

7 Desde las ocho de la mañana

Complete.

desde	desde que	desde hace

1. Estoy aquí _____ las 8 h. de la mañana.
2. _____ una semana, no tomo café.
3. Beatriz trabaja en la SEAT _____ vive en Barcelona.
4. ¿Desde cuándo vives en Madrid? – _____ cinco años.
5. Estudiamos español _____ seis meses.
6. _____ estudiamos español, ya no hablamos inglés.

COMUNICACIÓN

8 Usted visita una empresa.

¡Diga sí! Sagen Sie zu allem ja! Benutzen Sie Redemittel im Kasten.

| Sí, sí.   Sí, claro.   Sí, es verdad.   Sí, cómo no.   Sí, eso es.   Sí, exactamente.   Sí, con mucho gusto. |

1. Usted es la señora Rozas, ¿no? Sí, exactamente.
2. ¿Vamos a mi despacho?
3. ¿Un café?
4. ¿Usted es la jefa de producción?
5. Ustedes elaboran pan, ¿no?
6. ¿Pan significa "Brot"?
7. ¿Y ustedes venden en todo el país?
8. La casa es muy antigua, ¿verdad?
9. ¿Los catálogos son para nosotros?
10. ¿Vamos a la planta ahora?

9 No, gracias.

¡Diga no! Antworten Sie immer mit einer Verneinung.

1. ¿Un café?   Nein, danke.
2. ¿Un agua mineral?   Auch nicht.
3. ¿Qué bebe entonces?   Nichts.
4. Y para usted, ¿un cava de bienvenida? Für mich nicht, danke.
5. ¿No toma nunca cava?   Nein, nie.
6. ¿No toma nada con alcohol?   Überhaupt nichts.

10 ¿Y tú? – ¿Y usted?

Berichten Sie über sich selbst.

1. ¿Desde cuándo estudia español?
2. ¿Qué otros idiomas habla?
3. ¿Desde cuándo vive en …?
4. ¿Desde cuándo trabaja en …?
5. ¿Qué fabrica la empresa?
6. ¿Cuándo es su día libre?

1. Estudio español desde …
2. Hablo …
3. _____
4. _____

11 La torre de Babel   Der Turm zu Babel

Traduzca el diálogo.   Übersetzen Sie den Dialog.
Denken Sie daran: Es gibt kein „kein". Sie müssen immer
das Verb verneinen.

A   Die Kunden sprechen kein Spanisch und auch kein Englisch.
    Herr Torres spricht kein Deutsch, auch kein Französisch.
B   Und Herr Navarro? Spricht er (denn) Englisch?
A   Nein, überhaupt nicht.
B   Aber er versteht etwas Englisch oder?
A   Nein, nein, überhaupt nichts.
B   Spricht er (denn) Französisch?
A   Nein, auch kein Französisch, aber er spricht Katalanisch.
B   Und Alicia ? Welche Sprachen spricht sie?
A   Vier Sprachen. Leider **(lamentablemente)** ist sie aber gerade nicht da.
B   Wo ist sie (denn)? In der Produktionsanlage?
A   Nein, da ist sie auch nicht. Sie ist mit Kunden am Flughafen.

12 Ahora pregunta usted.   Jetzt stellen Sie die Fragen.

| ¿Qué? | ¿Dónde? | ¿Quién/es? | ¿Con quién? | ¿De quién? | ¿En qué? |
| ¿Cómo? | ¿De dónde? | ¿Desde dónde? | ¿Cuándo? | ¿Desde cuándo? | |

1. Ulla y yo estudiamos español desde hace seis meses.   ¿Qué estudiáis? ¿Desde cuándo estudiáis …?
2. Ahora estamos en España. Es muy interesante.
3. Desde hace una semana estamos en el hotel Don Ramón.
4. Nuestro hotel es bueno. La vista es muy bonita.
5. Desde el sábado, Vicente y Virginia están con nosotros.
6. Nuestros amigos son muy simpáticos.
7. Ellos viven en Sevilla desde hace un año.
8. Trabajan en una casa que vende ordenadores.
9. Hoy vamos con ellos a Granada.
10. Vamos en el coche de Vicente.

13 Un cliente de Colombia en Alemania

Traduzca el diálogo. Übersetzen Sie den Dialog.

A Herein bitte. Wir gehen nach oben in mein Büro.
B Oh, was für ein Ausblick!
A Das stimmt. Seit wann Sind Sie (eigentlich) in Europa?
B Seit zehn Tagen. Hier, das ist für Sie.
A Danke. Oh, Kaffee. Der Kaffee aus Kolumbien ist berühmt.
B Ja, und wir exportieren in alle Welt.
A Exportieren Sie auch nach Deutschland?
B Natürlich, aber nicht viel. Wir brauchen neue Geschäftspartner (socios).

Panel profesional

Primeros contactos
¿Un cava de bienvenida?
No bebo nunca en el trabajo.
¿Un café entonces?
Eso sí, por favor.
¡Enhorabuena!
¿Ustedes son socios?
Aquí están los catálogos de nuestros productos.

En la empresa
Sociedad limitada (S.L.)
el jefe / la jefa de ventas
el jefe / la jefa de producción
la tarjeta (de visita)
la dirección electrónica
la feria
el/la expositor/a
las muestras de productos
la planta de producción

Erste Kontakte
Ein Glas Sekt als Willkommensgruß?
Ich trinke nie bei der Arbeit.
Dann einen Kaffee?
Ja gerne, das schon.
Glückwunsch! / Gratuliere!
Sind Sie Partner?
Hier sind die Kataloge unserer Produkte.

In der Firma
GmbH
Verkaufsleiter/in
Produktionsleiter/in
die Visitenkarte
E-Mail-Adresse
die Messe
Aussteller/in
Produktmuster
Produktionsanlage

Lección 6 — Estamos muy satisfechos

VOCABULARIO

1 Grandes amigos – verbos y sustantivos

Busque el verbo correspondiente. Suchen Sie das entsprechende Verb.

la producción _____

la venta _____

la exportación _____

la pregunta _____

la importación _____

la compra _____

la entrada   entrar

ACEITES Y VINAGRES VIAJEROS
Cataluña copa el 25% de las exportaciones con el 5% de la producción.

Embotellado de aceite en una cooperativa catalana.

2 Algo no va bien. Etwas passt nicht.

Tache la palabra que no va bien. Streichen Sie jeweils das Wort durch, das nicht passt.

1. el mazapán – el ruido – el cacao – el azúcar – el chocolate
2. alto – excelente – difícil – satisfecho – tonelada
3. comprar – vender – beber – ganar – costar
4. por día – por turno – por la tarde – por semana – por favor
5. ahora – nadie – ya – todavía – nunca

3 Conceptos compuestos

Relacione.

el obrero 1   a justo a tiempo
el tiempo 2   b terminado
el producto 3 c especializado
el sistema 4   d de semana
el fin 5   e libre

4 El mundo del trabajo

Complete los dos asociogramas.
Ergänzen Sie die beiden Wörternetze.

el almacén	las horas de trabajo	por mes	el olor
el fin de semana libre	los turnos	las máquinas	por día	el ruido
los productos	los obreros especializados	el depósito

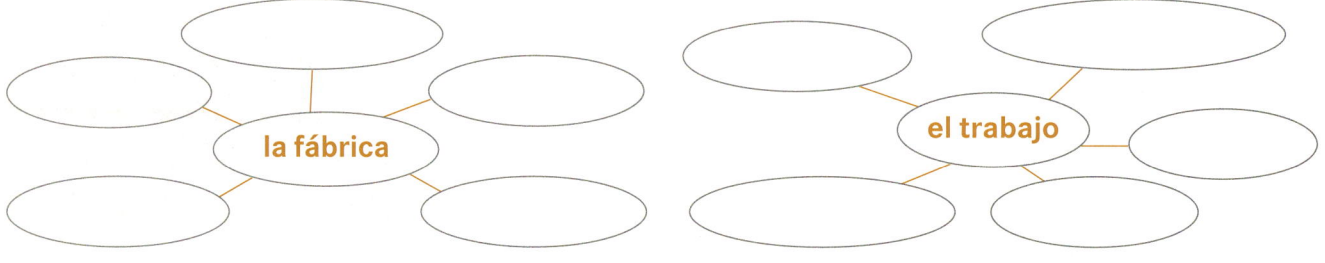

la fábrica   el trabajo

36 treinta y seis Lección 6

5 ¿Cuánto cuesta? Wie viel kostet das?

Escriba los precios. Schreiben Sie die Preise auf.

Ejemplo: Una tonelada de maíz cuesta trescientos cincuenta euros.

maíz	café	cacao	azúcar	girasol	soja	leche
350 €	785 €	999 €	148 €	202 €	555 €	457 €

GRAMÁTICA

6 ¡Qué suerte, soy rico! So ein Glück, ich bin reich!

Ordene los dibujos. Ordnen Sie die Zeichnungen.

7 El azúcar se importa de Cuba.

¿Singular o plural? Complete con el verbo.
Ergänzen Sie die unpersönliche Form im Singular oder Plural.

1. En Galicia se _____ gallego y también español,

   se _____ los dos idiomas. (hablar)

   ¿En España se _____ cuatro idiomas, no? – Sí,

   exactamente: el castellano, el catalán, el gallego y el vasco. (hablar)

2. El café se _____ de Colombia. (importar) El cacao

   se _____ de Latinoamérica. (importar)

3. ¿Qué productos se _____ ahora? (exportar)

   – Se _____ muchos productos elaborados y

   también vinos, tomates, naranjas, etc. (exportar)

Lección 6 · treinta y siete · 37

8 ¿Para o por?

Complete con la preposición.

1. Las máquinas allí, ¿son _____ fabricar el chocolate? – Sí, exactamente. – ¿Y, para _____ qué son los depósitos? – Uno es _____ el azúcar y el otro es _____ el cacao.
2. ¿Dónde trabajas? – _____ la mañana trabajo en una fábrica y _____ la noche en un restaurante. ¿Y tú? – Yo trabajo sólo _____ la mañana. _____ mí, las tardes libres son muy importantes.
3. Esto es un regalo _____ los niños. – ¡Muchas gracias!, y los chocolates, ¿_____ quién son? ¿Son _____ nosotros? – Sí, son _____ vosotros. – ¡Gracias! – Pero, no, _____ favor, son sólo unas muestras.
4. Ahora trabajo en la feria y es muy interesante. La feria es muy importante _____ toda la región. – Y ¿cuánto ganas _____ hora? – Seis euros.

9 ¿Muy o mucho?

1. ¡Hola! ¿Qué tal? – _____ bien, ¿y tú? – _____ mal.
2. ¿Cuánto café? – _____, por favor. – _____ leche también? – No, no, nada de leche.
3. Tus colegas son todos _____ simpáticos. – Sí, y trabajan _____.
4. La playa es _____ bonita, pero hay _____ turistas.
5. El hotel es _____ bueno y no cuesta _____ dinero.
6. Delante del hotel hay _____ flores _____ bonitas.
7. ¿Ustedes venden _____ coches ahora? – No, pero vendemos _____ bicicletas.
8. Adiós, y ¡_____ suerte! Ah, y _____ saludos a tus padres.

10 ¡Hay muchísimas!

Conteste con el superlativo absoluto.
Antworten Sie mit dem absoluten Superlativ.

Ejemplo: ¿Hay muchas flores? – Sí, hay muchísimas.

1. ¿Tú lees mucho?
2. ¿Son buenos los libros?
3. ¿Son viejas las fotos?
4. ¿Los edificios son modernos?
5. ¿La empresa es importante?
6. ¿Vicente gana poco? !
7. ¿Está buena la paella?
8. ¿Los chicos son simpáticos? !

11 ¡Qué pequeños!

Haga el diminutivo. Bilden Sie die Verkleinerungsform.

el gato _____   una hora _____

los perros _____   un poco **!** _____

la casa _____   un momento _____

las niñas _____   una pregunta _____

COMUNICACIÓN

12 Una buena comunicacion

Complete las expresiones. Ergänzen Sie die Redemittel.

¿Me podría ayudar, por favor?

¿_____? Was ist das?

¿_____? Was bedeutet …?

¿Planta de producción en alemán es "Produktionsanlage"? _____?

¿_____? Wie viele Stunden arbeiten die Leute hier?

¿Cómo se escribe México? ¿Con jota? Wie schreibt man _____?

¿Cómo se dice just in time en español? Wie sagt man *just in time* auf Spanisch?

¿_____? Könnten Sie bitte lauter sprechen?

Por favor, ¿podría repetir? Könnten Sie bitte _____?

13 Dora trabaja en una librería. Dora arbeitet in einer Buchhandlung.

1 Lea el texto. Lesen Sie den Text.

Dora es de Zaragoza. Trabaja en una librería-anticuario en Madrid. La empresa vende más de 500 libros por mes: nuevos y antiguos. Dora trabaja con otras cinco personas. Los libros antiguos cuestan muchísimo. Dora trabaja de lunes a viernes, cinco horas por la mañana y tres por la tarde. No gana mucho, pero está satisfecha porque el trabajo es muy interesante y los colegas son muy buenos.

2 Sie bereiten ein Interview vor. Überlegen Sie sich die Fragen.

3 Antworten Sie dann in der 1. Person Singular.

Ejemplo:
A Hola, buenas tardes, Dora, ¿de dónde es usted?
B Yo soy de Zaragoza.

14 La semana de Laura

 Traduzca.

Laura ist Studentin, aber sie arbeitet montags und dienstags in einer Firma, weil sie Geld braucht.
Es ist sehr interessant für sie: Vormittags arbeitet sie in der Produktion und nachmittags im Büro.
Mittwoch ist ihr freier Tag, aber sie arbeitet den ganzen Tag zu Hause am Computer.
Donnerstags und freitags studiert Laura. Sie studiert Informatik (informática) an der Universität von Barcelona.
Montags, mittwochs und freitags abends lernen Laura und ihr Freund Englisch.

15 Stellen Sie Ihre eigene Firma vor.

 Suchen Sie sich eine Firma aus, bei der Sie zur Zeit arbeiten.
Schreiben Sie einem alten Freund / einer alten Freundin und berichten Sie ausführlich über Ihre Firma.

¿Dónde está?
¿Quién es el jefe?
¿Qué produce?
¿Cómo es la planta?
¿Cuántas personas trabajan allí?

¿Qué compra la empresa?
¿Qué vende?
¿Qué importa?
¿Adónde exporta sus productos?

Panel profesional

Las máquinas	**Die Maschinen**
Las máquinas son españolas.	Die Maschinen sind aus Spanien.
Son totalmente automáticas.	Die Maschinen sind völlig automatisch.
Sí, estamos muy satisfechos.	Ja, wir sind sehr zufrieden (mit ihnen).

La producción — **Die Produktion**

¿Cuánto producen ustedes por año? — Wie viel produzieren Sie im Jahr?
Unas once mil toneladas. — Etwa 11.000 Tonnen.
Exportamos mucho a Francia. — Wir exportieren viel nach Frankreich.
¿Cuánto cuesta el cacao en España? — Wie viel kostet der Kakao in Spanien?
Depende de la calidad. — Es kommt auf die Qualität an.
¿Dónde están sus almacenes? — Wo haben Sie Ihre Lager?
Para los productos terminados no necesitamos almacén. — Für die fertigen Produkte brauchen wir kein Lager.

Producimos y vendemos. — Wir stellen her und verkaufen.
Just in time / Justo a tiempo — Just in time

Recursos humanos — **Das Personal**

¿Cuántas horas trabajan ustedes por día? — Wie viele Stunden arbeiten Sie pro Tag?
Dieciséis: dos turnos de ocho horas. — Sechzehn: zwei Schichten zu je acht Stunden.
¿Y cuántos días trabajan por semana? — Und wie viele Tage arbeiten Sie pro Woche?
Seis, bueno, en realidad, cinco y medio. — Sechs, also eigentlich fünfeinhalb.
¿Cuánto gana aquí un obrero? — Wie viel verdient ein Arbeiter bei Ihnen?
Normalmente entre 2 y 2.500 euros por mes. — Normalerweise zwischen 2.000 und 2.500 Euro por Monat.
Son todos obreros especializados. — Es sind alles Facharbeiter.

Lección 7 — ¿Hay algo de nuevo?

VOCABULARIO

1 ¿Dónde hay qué?

Compare. Vergleichen Sie.

	RECEPCIÓN	SECRETARÍA	SALA DE CONFERENCIAS	ASCENSOR	PISCINA	SAUNA	HABITACIONES	COMEDOR	BAR	ADMINISTRACIÓN	ACCESO A INTERNET	AIRE ACONDICIONADO	TELEVISIÓN	APARCAMIENTO
hotel internacional	X													
empresa pequeña	X													
casa de familia														

2 ¿Dónde está Marta?

Pablo busca a Marta, pero no la encuentra. ¿Puede ayudarle? Pablo findet Marta nicht. Können Sie ihm helfen?

1. Abajo de todo, en un edificio, está el …
2. No es un periódico, es una …
3. Allí todavía hay una … libre.
4. Marta está en Madrid por trabajo, no está de …
5. Hoy nadie trabaja, hay …
6. El gerente y toda la … del hotel están en el entresuelo.
7. El País, La Vanguardia, El Mundo son …
8. Pablo está en la feria y Marta en un …
9. El … trabaja en un restaurante o en un bar.
10. ¿Tú aquí? ¡Qué …!
11. ¿Hay algo de …? – No, no hay nada de …
12. ¡Qué lástima! Mi café ya está …
13. Clarín es un periódico … Es argentino.
14. Las personas que venden algo son los …
15. En el comedor hay mucha gente, está …
16. 1, 2, 3, 8 son …
17. Marta y Pablo son viejos …
18. ¿En qué … está tu habitación?
19. ¿Hay … a Internet?
20. Por la mañana, Marta y Pablo toman el …

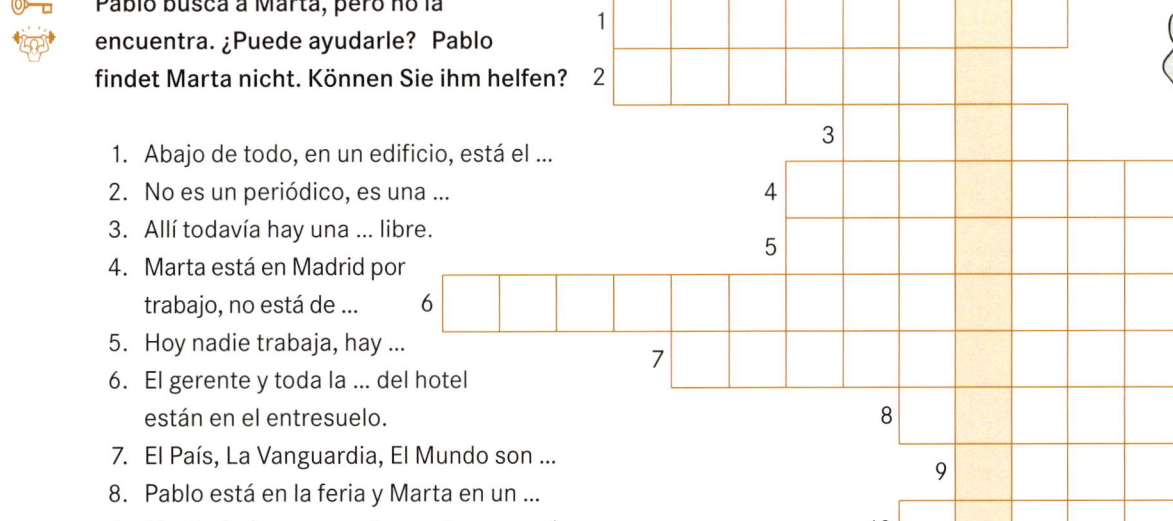

Solución: Marta está en __ __ _____ __ _____.

3 Es una chica muy amable.

1 ¿Reconoce estos adjetivos? Erkennen Sie diese Adjektive wieder?

| orfí | drenga | balema | eijov | drenoma | viorensa | notiba | quepeoñ |

2 Escriba una frase con cada adjetivo. Schreiben Sie mit jedem Adjektiv einen Satz.

GRAMÁTICA

4 ¿*Hay* o *ser*?

Complete.

1. En la planta _____ olor a chocolate. _____ un olor muy rico.
2. _____ muchas máquinas. _____ todas españolas.
3. Unas _____ nuevas y otras _____ viejas, pero todas _____ muy buenas.
4. En el turno de la mañana _____ unas veinte personas. _____ todos obreros especializados.
5. Hoy _____ visita: _____ unos clientes alemanes.
6. En la planta _____ mucho ruido, por eso la comunicación _____ mala.
7. _____ dos depósitos. _____ para las materias primas.
8. El sistema *just in time* _____ bueno. No _____ problemas.

5 ¿*Hay* o *estar*?

Complete.

Pablo: ¡Hola, Marta! Buenos días, ¿cómo _____?

Marta: _____ bien, gracias. ¿Y tú, qué tal?
¿Cómo _____?

Pablo: Bien, también. Mira, allí _____ una mesa para dos.

Marta: Pues _____ bien para nosotros, ¿no?

Pablo: Sí, _____ muy bien. Ahora necesito un café.

Marta: Y yo un té. Pero, ¿cómo?, ¿_____ sólo café?
¿No _____ té?

Pablo: Sí, sí. _____ en el samovar.

Marta: Ah, ¿_____ un samovar? ¿Dónde _____?

Pablo: _____ al fondo. Y los huevos, ¿dónde _____?

Marta: _____ allí, al lado de los panecillos.

6 ¿Hay que reservar mesa?

Relacione.

¿Hay que reservar mesa? [1] a Sí, claro, el minibar es extra.
¿Hay que buscar el desayuno? [2] b No, hay que pagar todo en la recepción.
¿Hay que pagar en el bar las bebidas? [3] c No, no es necesario, siempre hay muchas mesas libres.
¿Hay que pagar extra el minibar? [4] d Sí, porque aquí no hay camarero.
Con el ruido no comprendo nada. [5] e Yo no sé nada. Hay que leer el periódico.
¿Cuánto cuesta una habitación? [6] f Aquí hay que hablar muy fuerte.
¿Qué hay de la huelga? [7] g Sí, pues, hay que tomar un taxi.
¡Ya es tarde! [8] h No sé. Hay que preguntar en la recepción.

7 Números ordinales

Escriba los números ordinales. Schreiben Sie die Ordinalzahlen aus.

1. ¿En qué piso estás? – En el _____ (9º). – ¿Y tú?

   – En el _____ (7º).

2. Hoy ya es el _____ (6º) día de Feria. – Pues, para mí sólo es

   el _____ (2º) día en Madrid. ¿Y para ti?

   – El _____ (3º). – ¿Sí? ¿El _____ (3º) día ya?

   – Sí, claro, estoy aquí desde el lunes.

3. ¿Dónde está el Palacio de Carlos V _____?

   – Allí abajo, la _____ (1ª) calle a la derecha.

4. Perdón, ¿la plaza de Alfonso X _____ está cerca de aquí?

   – No, no, está bastante lejos. Hay que ir en taxi.

5. ¡Hola, Marta! ¿Qué tal? ¿Soy la _____ (1ª)? – No, no, tú eres

   la _____ (4ª). Clara, Rosa y Nora ya están aquí.

CARLOS V

COMUNICACIÓN

8 ¡Qué va!

¿Recuerda los recursos? Complete.
Ergänzen Sie die Redemittel.

So eine Überraschung! _____   So ein Zufall! _____
Wie schön! _____   Wie interessant! _____
Welch ein Glück! _____   Zum Glück! _____
Wie schade! _____   So ein Pech! _____
Ach was! _____   Mensch! _____

Lección 7 · cuarenta y tres · 43

9 ¡Qué sorpresa!

Complete con los recursos del ejercicio 8.

1. El bar está muy lleno. – Allí al fondo todavía hay mesas libres, ¡_____!
2. ¿En qué habitación estás? – En la 415, ¿y tú? – En la 416. – Oh, estamos al lado, ¡_____!
3. Ya no hay más té. – ¡_____! Bueno, entonces tomamos café.
4. ¿Qué tal tus estudios? – Muy bien. Estudio español en Salamanca. – ¡_____!
5. ¿Y tu trabajo? ¿Qué tal? – ¡Muy mal! Trabajo muchísimo y no gano nada. – ¡_____!
6. El ascensor está lleno. ¿Vamos a pie? – ¿A pie? ¡_____! ¡Estamos en el 7° piso!
7. ¡Oh! ¿Ya lees periódicos extranjeros? – Sí, no comprendo todo, pero practico un poco.
   – ¡_____!
8. BLATT es un periódico italiano, ¿no? – ¡_____!, es alemán.
9. El desayuno cuesta 24 euros. – ¡_____!, ¿tanto?
   – Sí, es mucho, pero _____ mi empresa paga todo.

10 En un bar

Traduzca.

A Gibt es noch freie Tische?
B Ja, da hinten gibt's noch einen freien Tisch.
A Schön, was trinkst du?
B Einen Milchkaffee, und du?
A Ein Bier und etwas zum Essen. Gibt es hier Tapas?
B Nein, aber (es gibt) belegte Brote.
A Dann nehme ich ein belegtes Brot mit Tunfisch. Und du – isst du auch was?
B Ja, eine Magdalena.
A Herr Ober, bitte!

11 Estudiar en Buenos Aires

1 Lea la carta. Lesen Sie den Brief.

¡Hola amigos/-as!

Busco contacto con chicos y chicas europeas. ¿Cómo viven ustedes? ¿Me escriben?

Yo soy Chelita, soy una chica chilena de diecinueve años y vivo en Buenos Aires desde hace un año. Trabajo en un supermercado y estudio idiomas. Vivo sola aquí. Mi primer desayuno es a las 6 h. en casa, en la cocina. El segundo desayuno es a las 10 h. en la cantina de la empresa. Desayuno con mis colegas y leo el Clarín. Es un periódico muy importante. Se vende muchísimo.

Es muy interesante vivir en el extranjero* y mis colegas argentinos son bastante simpáticos. Ellos desayunan mucho: comen sandwiches de jamón y queso, fruta y yogurt, y toman el café con leche en tazas** enormes y con kilos de azúcar. Los domingos, mi amiga Graciela y yo desayunamos juntas. ¿Y ustedes? ¿Cómo, cuándo, dónde y con quién desayunan? Y ¿qué leen?

Un abrazo y hasta pronto

Chelita

*vivir en el extranjero im Ausland leben
**la taza Tasse

 2 Conteste la carta. Berichten Sie von Ihren Gewohnheiten. Denken Sie daran, dass man in Lateinamerika fast immer *ustedes* statt *vosotros/-as* in der Anrede im Plural gebraucht, auch wenn man seine Gesprächspartner duzt.

Panel profesional

Trabajo, vacaciones, seminarios | Arbeit, Urlaub, Seminare

¿Estás de vacaciones?	Hast du Urlaub?
Estoy aquí por trabajo.	Ich bin beruflich hier.
Estoy en un seminario para …	Ich bin in einem Seminar für …
Ahora estoy en la feria de …	Jetzt bin ich auf der … Messe.
¿Desde cuándo estás aquí?	Seit wann bist du hier?
Desde el lunes. Hoy es el cuarto día.	Seit Montag. Heute ist der vierte Tag.
¿Por cuánto tiempo?	Wie lange?
Por dos semanas.	Für zwei Wochen.
Por suerte, la empresa paga todo.	Zum Glück zahlt die Firma alles.
¿Ya no trabajas en "Nowtilus"?	Bist du nicht mehr bei …?
Estoy todavía en la misma empresa.	Ich bin immer noch im selben Betrieb.
Ahora soy jefe/-a de ventas.	Jetzt bin ich Verkaufsleiter/in.

En el hotel | Im Hotel

¿Dónde está la sala de conferencias?	Wo ist der Konferenzsaal?
Está en el primer piso.	Im ersten Stock.
¿Hay acceso a Internet?	Gibt es Internetanschluss?

Lección 7 · cuarenta y cinco · 45

Lección 8 — ¿Qué tal el día?

VOCABULARIO

1 Palabras con dos significados

Traduzca la palabra en cada contexto. Übersetzen Sie den Begriff im jeweiligen Kontext.

1. Mañana es mi cumpleaños. — mañana — _____
   Josefina trabaja toda la mañana en casa. — la mañana — _____
2. ¿Estás solo en Madrid? — solo/-a — _____
   Yo tomo sólo un café. — sólo — _____
3. ¿Vamos? ¡Ya es tarde! — tarde — _____
   Por la tarde está todo cerrado. — por la tarde — _____
4. ¿Tomamos un taxi? — tomar — _____
   En el trabajo nunca tomo nada. — tomar — _____
5. ¿Por qué no va en metro? — el metro — _____
   Son sólo 200 metros a la playa. — metros — _____
6. Vivo en una casa antigua. — vivir — _____
   No vives para trabajar, ¿no? — vivir — _____

2 ¿Cuándo?

Ordene las palabras y haga dos asociogramas. Ordnen Sie die Wörter und gestalten Sie zwei Wörternetze.

ayer   enseguida   ahora   todavía   hoy   ya   mañana   tarde   después

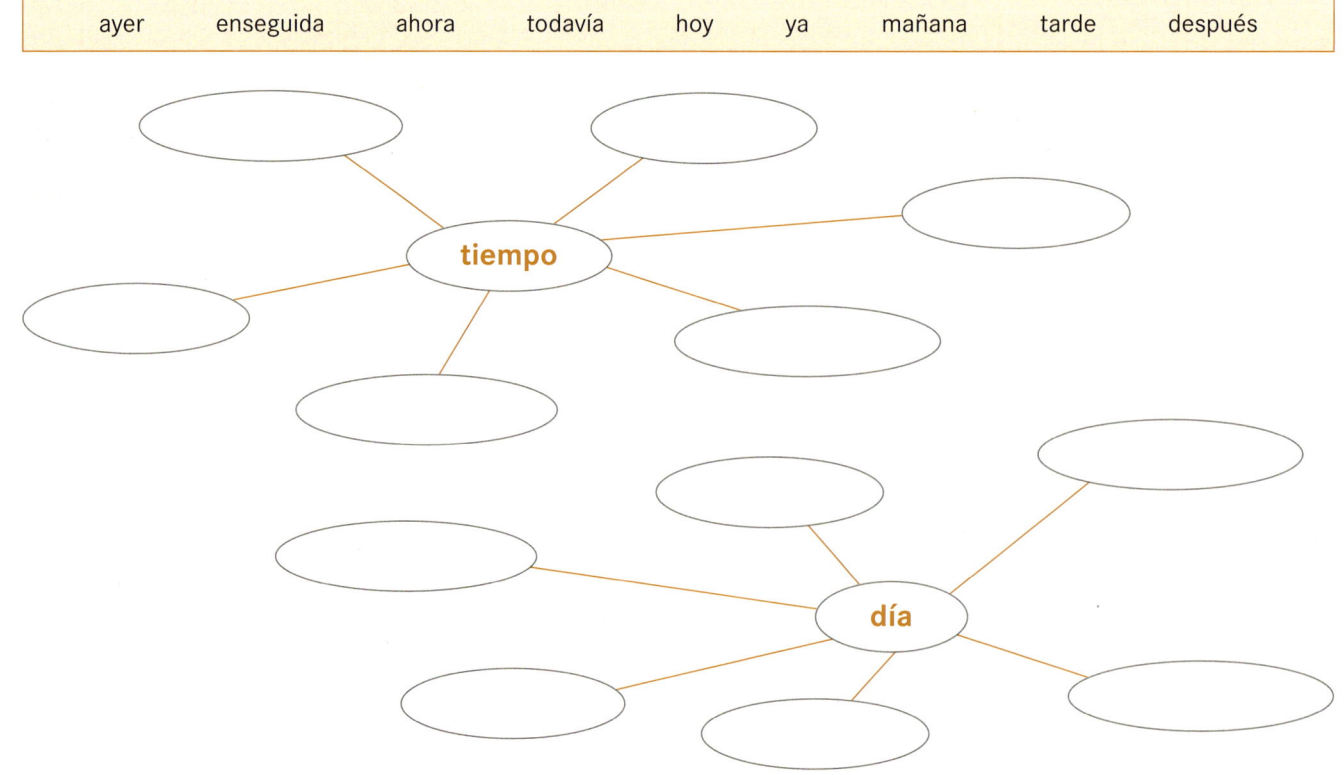

3 ¿Qué tal la feria?

Complete.

| feria | comer | bajar | tomar | picar | caña | ascensor | piso | habitación | público | enfermo | cansado |

1. ¿En qué _____ está tu _____?

3. ¿Vamos en _____? – Pero no, sólo hay que _____. Vamos a pie.

3. ¿Qué tal la _____? ¿Hay mucho _____?

4. Pero Pablo, ¿no bailas? ¿Estás _____ o estás sólo _____?

5. ¿Comemos _____ algo o sólo _____ una copa?

6. Camarero, ¡dos _____ y algo para _____, por favor!

4 En la feria

¿Reconoce estas palabras?
Erkennen Sie diese Begriffe wieder?

las mastras da pradactas _____

les expeseteres _____

lis pridictis _____

los prospoctos _____

ul públucu _____

laus cautáulaugaus _____

eil meileitéin _____

5 ¡Todo lo contrario! Ganz im Gegenteil!

1 Relacione.

enseguida [1]   [a] cerca
arriba [2]   [b] detrás
todavía no [3]   [c] otro
aquí [4]   [d] después
lejos [5]   [e] allí
el mismo [6]   [f] ya
delante [7]   [g] abajo

2 Escriba siete frases. Schreiben Sie sieben Sätze.

Ejemplo: ¿Ya están los clientes alemanes? – No, todavia no están.

Lección 8 : cuarenta y siete : 47

GRAMÁTICA

6 ¿*Ser* o *estar*?

Complete.

1. Marta y Pablo _____ en Madrid. Los dos _____ de Barcelona.
2. _____ en el comedor. _____ un comedor muy grande.
3. _____ las ocho de la mañana y el comedor ya _____ lleno.
4. El desayuno del hotel _____ bastante bueno, pero no _____ muy barato.
5. La mesa no _____ muy buena, porque _____ cerca de los servicios.
6. Pablo _____ satisfecho. Madrid _____ una ciudad bonita y la feria _____ interesante.
7. Marta _____ muy simpática y hoy _____ muy elegante.
8. Pablo y Marta _____ en el mismo hotel, pero no _____ en la misma habitación.

7 ¿*Hay*, *ser* o *estar*?

Complete.

1. Hoy _____ muchísima gente en el hotel. _____ un grupo de turistas extranjeros.
2. _____ de China o de Japón. Ahora _____ en la recepción. _____ un grupo bastante grande.
3. _____ tres días en Madrid. _____ muchos problemas con el idioma.
4. Ahora _____ en el comedor para desayunar. Por suerte todavía _____ mesas libres.
5. En el hotel _____ muchos periódicos internacionales, pero no _____ periódicos chinos.
6. En una mesa _____ una cámara fotográfica*. La cámara _____ muy buena.
7. El camarero: "Aquí _____ una cámara. ¿De quién _____ la cámara?" Pero los turistas no comprenden …

*la cámara (fotográfica) Fotoapparat

8 Flores es un pueblo.

Traduzca.

1. Flores ist ein Dorf.
2. Es liegt bei Barcelona.
3. In Flores gibt es viele Fabriken.
4. Sie befinden sich im Industriegebiet.
5. Das Industriegebiet ist nicht sehr groß, aber es ist sehr modern.
6. Dort gibt es einen Wasserturm.
7. Der Wasserturm ist das Symbol von Flores Industrial.
8. Vor dem Wasserturm gibt es eine Fabrik.
9. Es ist eine Schokoladenfabrik – die Torres-Fabrik.
10. Vor der Fabrik gibt es einen großen Parkplatz.
11. Dort gibt es viele Autos.
12. Es sind die Autos der Arbeiter.

COMUNICACIÓN

9 ¿Sabe usted?

Complete con los interrogativos y conteste. Ergänzen Sie die Fragewörter und antworten Sie.

Ejemplo: ¿De dónde son las máquinas? – No sé de dónde son. / Están en la planta de producción.

1. ¿De _____ son las máquinas?
   ¿_____ funcionan?
   ¿_____ producen por año?
2. ¿En _____ calle está el hotel?
   ¿_____ personas hay?
   ¿_____ están los servicios?
3. ¿En _____ habitación está Pablo?
   ¿_____ es Daniel?
   ¿Con _____ baila Marta?
4. ¿_____ están los colegas de Marta?
   ¿_____ horas estudian por día?
   ¿_____ gana el profesor?

10 El desayuno en el hotel

Traduzca.

A Nimmst du noch einen Kaffee?
B Nein, ich trinke einen Saft.
A Ist das Orangensaft?
B Nein, das ist Pfirsichsaft (**zumo de melocotón**), aber Orangensaft gibt es auch.
A Ja, aber wo sind die Säfte?
B Neben dem Kaffee.
A Gibt es Tee?
B Ja, sicher. Er ist im Samowar (**el samovar**).
A Und wo ist der Samowar?
B Dort hinten.
A Gibt es keine Magdalenas?
B Nein, es gibt nur Brötchen und Croissants (**croasanes**).
A Wie schade!
B Ja, das stimmt. Aber es gibt viel Obst (**fruta**).

11 Estoy en Berlin.

 Usted está en la Bolsa Internacional del Turismo en Berlín. Escriba un e-mail a una colega en Madrid.
Sie sind auf der Internationalen Tourismusbörse (ITB) in Berlin. Schreiben Sie einer Kollegin in Madrid eine E-Mail.

> marzo
> frío
> mucha gente
> colega columbiano
> tomar una copa
> saludos
> prospectos con fotos

Estimada _____

Panel profesional

Hablar de la Feria
Tú estás en la Feria, ¿no?
Sí, pero sólo tres días: ayer, hoy y mañana.
¿Y qué tal? ¿Hay mucho público?
Es la Feria de las Golosinas, ¿no?
Sí, eso es.

Über die Messe reden
Du bist (doch) auf der Messe, oder?
Ja, aber nur drei Tage, gestern, heute und morgen.
Und wie steht es? Gibt es viele Leute?
Das ist doch die Süßwarenmesse, oder?
Genau. / So ist es. / Stimmt.

Hablar de un Seminario
¿Usted también está en el seminario?
Estamos en el mismo curso.
La profesora sabe muchísimo.

Über ein Seminar reden
Sind Sie auch im Seminar?
Wir sind im selben Seminar/Kurs.
Die Dozentin ist sehr bewandert.

Lección 9 — Al día siguiente

VOCABULARIO

1 En la recepción.

Complete las frases. Sie möchten zahlen. Die Dame an der Rezeption fragt nach.

¿Es una _____ individual?

¿A _____ de quién?

Enseguida preparo su _____.

¿Teléfono, bar o minibar? ¿Otros _____?

¿Un cajero? Sí, en la _____ Mayor,

enfrente del _____.

2 ¿Problemas financieros?

Complete las frases.

A ¿Cuánto es en ☐☐☐☐☐☐ ?

B El ☐☐☐☐☐☐ por noche es de 90 €, tres noches son 270 €.

El IVA ya está ☐☐☐☐☐☐☐☐ .

A ¿Qué es el IVA?

B Es el ☐☐☐☐☐☐☐ sobre el Valor Añadido.

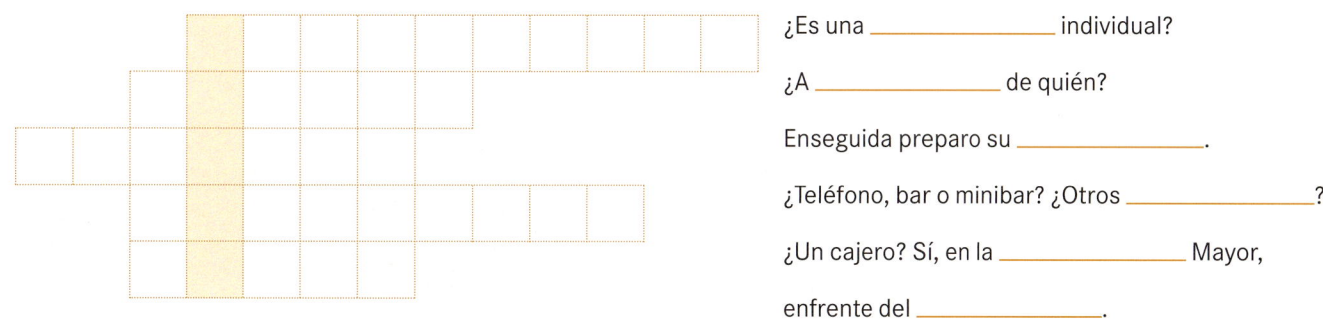

A ¿Puedo pagar con tarjeta?

B Lo siento. No aceptamos ☐☐☐☐☐☐☐ .

A ¡Qué problema! ¡Estoy sin un euro y el banco ya está ☐☐☐☐☐☐ !

Wenn Sie die markierten Buchstaben richtig kombinieren, finden Sie die Lösung des Problems:

☐☐☐☐☐☐ AUTOMÁTICO

3 ¿Qué es lo que no concuerda? Was passt nicht?

1. ayer – incluido – hoy – al día siguiente
2. los gastos – los servicios – los impuestos – por supuesto
3. juntos – niños – chicos – chavales
4. la caja de ahorro – el banco – el cajero automático – la factura del hotel
5. la empresa – la compañía – la fecha – la sociedad

4 Fuga de letras   Buchstabenflucht

Complete con las letras que faltan. Ergänzen Sie die fehlenden Buchstaben.

1. ¿C, d, t?

   gas__os   a__as__os   cerra__os

   ban__os   in__lui__os   impues__os

2. ¿A, e, i, o, u?

   s__rv__c__   d__   d__s__y__n__

   pr__h__b__d__   __p__rc__r

   h__st__   l__   pr__x__m__

   gr__c__ __s   p__r   s__   v__s__t__

5 ¿Con G o J?

1. A__ustín y __raciela son ar__entinos.

2. Son profesores de tan__o.

3. Traba__an __untos y __anan muy bien.

4. Hoy es __ueves y están en __ranada.

5. Hay mucha __ente en la sala y ense__uida todo el mundo baila.

GRAMÁTICA

6 Verbos

Complete.

	yo	tú	él/ella/usted	nosotros/-as	vosotros/-as	ellos/ella/Uds.
ser		eres				
ir	voy		va			
leer	leo	lees				leen
escribir			escribe		escribís	
saber			sabe		sabéis	
poder	puedo			podemos		
volver		vuelves			volvéis	

7 Vamos a Segovia.

Complete con los verbos y las preposiciones.

1. *Ir + a / en*

   A Carmen y yo _____ mañana _____ Segovia.

   B ¿Cómo _____ (vosotras)?

   A _____ _____ coche. ¿Y tú?

   B Yo _____ _____ Toledo.

   A ¿Con quién _____?

   B Con un grupo del colegio. _____ _____ tren.

2. *Poder, volver, costar*

A Mañana vamos a Segovia. ¿Sabes cuánto _____ el viaje?

B No, no lo sé, pero _____ ir juntos en mi coche.

A ¡Qué bien! También _____ visitar el Alcázar.

B Bueno, vamos y _____ juntos.

8 ¿Con quién? ¿Conmigo?

Complete con los pronombres y las preposiciones.

A Por la noche hay un espectáculo muy bonito debajo del acueducto*, pero no sé _____ quién puedo ir.

B Puedes ir _____ Cristina y Elena.

A No, no puedo ir _____ _____, porque ellas van al cine.

B ¿Por qué no vas _____ Carlos, entonces?

A El va _____ su novia. No puedo ir _____ _____.

B Bueno, yo voy solo … ¿No puedo ir _____?

A ¿_____? ¿Por qué no? ¡Pero después vamos a bailar!

B ¡Vale! Entonces voy _____. ¿A las 10 h. está bien?

*el acueducto Aquädukt

9 Posesivos

1 Complete la tabla. Ergänzen Sie die Tabelle.

mi móvil	El móvil es mío.	el mío
tus libros	Los libros son _____.	los _____
vuestro coche	El coche _____.	el _____
nuestras oficinas	Las _____.	_____
sus padres	_____.	_____
mis problemas	_____.	_____
tus gafas	_____.	_____
su bicicleta	_____.	_____
tu paraguas	_____.	_____

2 Escriba frases. Schreiben Sie Sätze.

> moderno   interesante   viejo   agradable   simpático   grande   elegante   nuevo   bonito

Ejemplo: Mi móvil no es muy moderno. El tuyo, sí.
Tus libros (no) son …

COMUNICACIÓN

10 ¿Por qué no toma un taxi?

Was sagen Sie, wenn Sie ...

1. die Hotelrechnung begleichen möchten?
2. wissen möchten, wer die Kosten tragen wird?
3. wissen möchten, ob alles auf der Rechnung steht?
4. wissen möchten, ob etwas erlaubt ist (z. B. das Parken)?
5. jemanden auf ein Verbot aufmerksam machen möchten?
6. wissen möchten, ob etwas zu Fuß erreichbar ist?   ¿Se puede ir a pie?
7. jemandem empfehlen möchten ein Taxi zu nehmen?
8. jemandem vorschlagen nach Toledo zu fahren?
9. darauf hinweisen, dass man den Zug nehmen könnte?
10. meinen, dass Sie lieber nach Madrid fahren sollten?

11 Despedida   Abschied

¿Quién dice qué? Marque con una cruz.   Kreuzen Sie an.

	empleado	cliente	los dos
¿Se puede ir en coche?			
Está prohibido aparcar.			
¿Por qué no toma el metro?			
Hay muchos atascos.			
Adiós, hasta pronto.			
Gracias por su visita.			
Adiós, y buen viaje.			
Adiós, hasta la próxima.			

12 En la calle

Traduzca.

A Wie viel kostet ein Taxi bis zum „Hospital Central"?
B Von hier aus? Ich weiß nicht, etwa 20 Euros.
A Mein Gott, so viel?
B Sie können auch mit der Metro fahren.
A Das ist aber ein Glück. Und wo kann ich die Metro nehmen?
B Hier links, etwa 200 Meter von hier.
A Vielen Dank!
B Keine Ursache!

13 El "huevo de Colón"

1 ¿Qué significa el "huevo de Colón"?

2 Lea el texto y complete con los adjetivos.

> genial   nuevos   rica   lejos   largo   dura   llenos

En la Edad Media[1] la vida es muy _____ y la comida no es muy

_____: faltan condimentos[2].

En el siglo XV no hay muchos condimentos en Europa, porque muchos son de

Oriente, de la India[3], y la India está muy _____.

La idea[4] de Cristóbal Colón es _____ – el huevo de Colón: él va al Oeste

para buscar un camino[5] directo a la India. El viaje es muy _____ pero, después de muchos meses, Colón vuelve

con los barcos _____ de _____ productos, como patatas, tomates o maíz – pero sin condimentos …

Colón cree que en su viaje encuentra la India, por eso, en el Caribe[6], hay unas islas con el nombre "Las Indias Occidentales".

1 la Edad Media Mittelalter – 2 el condimento Gewürz – 3 la India Indien – 4 la idea Idee, Einfall – 5 el camino Weg – 6 el Caribe Karibik

3 ¿Es verdad? Corrija las frases.

1. En la Edad Media, la vida es muy fácil.
2. Los europeos llevan condimentos a la India.
3. Cristóbal Colón come muchos huevos.
4. Colón va a la India en avión.
5. Colón vuelve de la India con muchos condimentos.
6. La India está en el Caribe.

4 ¿Sabe qué productos son de origen americano? Haga una lista.
Machen Sie eine Liste der Ihnen bekannten Produkte, die aus Amerika stammen.

Panel profesional

Pagar la factura	Die Rechung bezahlen
Por favor, ¿puede preparar mi factura?	Können Sie meine Rechnung vorbereiten, bitte?
Enseguida, señor.	Sofort, mein Herr.
¿A su nombre?	Auf Ihren Namen?
No, a nombre de la empresa.	Nein, auf den Namen der Firma.
¡Ya está lista! Son 365 euros.	Sie ist schon fertig. Das macht 365 €.
Están todos los servicios y el IVA incluidos.	Alle Serviceleistungen und die Mehrwertsteuer sind inklusive.
Impuesto sobre el Valor Añadido (IVA)	Mehrwertsteuer (MwSt)
¿Puedo pagar con tarjeta?	Kann ich mit Karte zahlen?
Por supuesto.	Selbstverständlich.

Pedir un taxi y despedirse	Ein Taxi bestellen und sich verabschieden
Necesito un taxi, por favor.	Ich brauche ein Taxi, bitte.
¿Para ir al aeropuerto?	Zum Flughafen?
Gracias por su visita.	Danke für Ihren Besuch.
¡Buen viaje!	Gute Reise!
¡Hasta la próxima!	Bis zum nächsten Mal!

Lección 10 — Productos estupendos

VOCABULARIO

1 Una reunión de trabajo

Busque los sustantivos.

formein	el _____	spectospro	los _____
el denor del día	el _____	sentapreción	la _____
trasmues	las _____	locagosta	los _____

2 Grandes amigos – verbos y sustantivos

Busque el verbo o sustantivo correspondiente.   Suchen Sie das entsprechende Verb oder Substantiv.

la explicación	_explicar_	el informe	_____
la discusión	_____	el comentario	_____
el estudio	_____	la comparación	_____
el _____	analizar	la llegada	_____

3 Los productos

Ordene los adjetivos para describir un producto.   Ordnen Sie die Adjektive zur Beschreibung der Produkte.

> pequeño   blanco   bueno   bonito   barato   rojo   grande   exótico   negro
> caro   rico   celeste   estupendo   moderno   interesante   original   antiguo

tamaño	diseño	color	calidad	precio
_____	_____	_____	_____	_____
_____	_____	_____	_____	_____
_____	_____	_____	_____	_____

4 Lo contrario

Relacione. Forme ocho parejas.   Bilden Sie acht Gegensatzpaare.

> vender   malo   último
> barato   aburrido   innovador
> siempre   comprar
> primero   bueno   caro
> abrir   tradicional
> interesante   nunca   cerrar

_____   _____
_____   _____
_____   _____
_____   _____

5 Conceptos compuestos

Relacione. Bilden Sie zehn zusammengesetzte Begriffe.

Ejemplo: el análisis del mercado

la sala	el análisis	las muestras	el orden
la presentación	la situación	la comparación	
las novedades	la denominación	la reunión	

de productos / del producto	del día	del mercado
de personal	del ramo	de trabajo
de conferencias	de origen	

6 Sopa de colores Farbensuppe

Busque los doce colores.

L	U	M	A	N	I	S	A	N
O	P	A	Z	U	L	I	M	A
V	E	R	D	E	M	R	A	J
A	C	R	E	M	A	O	R	N
A	G	O	C	R	E	J	I	A
S	R	N	E	G	R	O	L	R
O	I	N	U	A	L	I	L	A
R	S	B	L	A	N	C	O	N

GRAMÁTICA

7 Adjetivos

| original | actual | (inter)nacional | virtual | estupendo |

1 Complete con el adjetivo.

la empresa _____

un diseño muy _____

el problema _____

el espacio _____

una idea _____

2 Forme el plural. Bilden Sie den Plural.

las empresas nacionales

_____

_____

_____

_____

3 Complete con la nacionalidad. Escriba seis frases. Schreiben Sie sechs Sätze.

las empresas los productos las fábricas		español italiano alemán
el azúcar la calidad el café		mexicano suizo cubano

_____
_____
_____
_____
_____
_____

8 ¿*Creer* o *acabar*?

Traduzca. Benutzen Sie die Verben *creer que, creer que sí, creer que no, acabar, acabar de*.

1. Ich bin gerade aus Madrid gekommen.
2. Einen Kaffee? – Nein, danke, ich habe gerade einen im Hotel getrunken.
3. Ich glaube, dass die Bonbons noch im Koffer sind. – Ich glaube nicht. – Ich glaube doch.
4. Ich glaube, dass die Konferenz um 20.00 Uhr zu Ende geht.

9 ¡Cuántos colores!

Complete con los colores.

negro   amarillo   violeta   ~~blanco~~   blanco   verde   azul   rosa   rojo   naranja   marrón

1. Normalmente, el chocolate es _____, pero tambien hay chocolate _____ y chocolate _____.
2. Las fresas son _____, los limones son _____ y las naranjas _____.
3. Hay colores con nombre de flor como el _____ y el _____.
4. La playa es bonita, el agua es _____, la arena _blanca_ y las palmeras (Palmen) _____.

10 Es el más rico.

Compare los productos.

	est___	es___	aquel___
la presentación – bonit___			
el mazapán – ric___	Este mazapán es rico.	Ese mazapán es más ...	Aquel mazapán es ...
las golosinas – barat___			
los caramelos – modern___			

11 Son bastante buenos.

Traduzca.

| mucho | más | nada | todavía | muy | bastante |

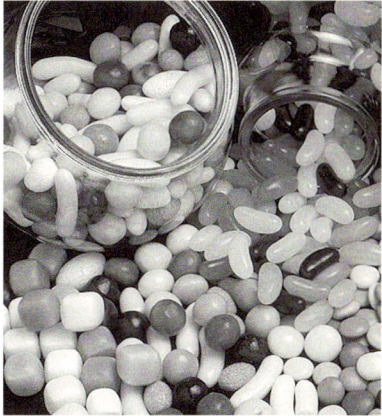

Sie sind sehr lecker. _____

Sie sind ziemlich gut. _____

Schlecht sind sie nicht. _____

Sie sind überhaupt nicht billig. _____

Sie sind viel billiger. _____

Sie sind noch viel billiger. _____

12 ¿Qué haces?

1 Complete la tabla del verbo *hacer*.

yo	_____
tú	_____
él/ella/usted	_____
nosotros/-as	hacemos
vosotros/-as	hacéis
ellos/ellas/Uds.	hacen

2 Complete con las formas del verbo *hacer*.

1. Estoy en Madrid desde _____ dos semanas.
2. ¿Qué _____ (tú) esta tarde? – Primero _____ (yo) los deberes (Hausaufgaben).
3. ¿Qué _____ (vosotras) el fin de semana? – Estamos cansadas, no _____ nada.
4. En la fábrica de chocolate se _____ muchas cosas ricas.
5. Marcela no puede más: en casa, ella siempre _____ todo, y los otros no _____ nada.

COMUNICACIÓN

13 ¡Qué raro!

Ordene los recursos. Ordnen Sie die Redemittel in die Tabelle ein.

| No sé bien. No sé, creo que … Si desean eso … No estoy seguro/-a. ¡Qué raro! Sin duda. |
| Ya sé. Creo que no. Creo que es italiano. Si es así … Creo que sí. ¡Esa sí que es una novedad! |

Gewissheit	Ungewissheit	Vermutung	Erstaunen	Einräumung
_____	_____	_____	_____	_____
_____	_____	_____	_____	_____
_____	_____	_____	_____	_____

14 Es verdad, pero …

 Reaccione.

1. La fábrica Prado es muy moderna.
2. Los productos Torres son bastante buenos.
3. Los bombones italianos no son malos.
4. Estos chocolates son muy ricos.
5. Nuestra campaña publicitaria es bastante buena.
6. El periódico de Flores es muy interesante, ¿no?

Ja, aber die Torres-Fabrik ist noch viel moderner.
Ja, aber sie sind nicht sehr preiswert.
Stimmt, aber die schweizerischen sind leckerer.
Das stimmt, sie sind super(lecker), aber diese sind noch leckerer.
Ja, aber die der Prado-Firma ist toll.
Überhaupt nicht, die Zeitung aus Madrid ist viel interessanter.

15 ¡Qué rico!

 Describa el producto. Beschreiben Sie dieses Produkt in einer E-Mail an Ihre Kollegen.

saludos	novedades	original
se vende	dicen	todo	poco
este	estupendo	productos

Panel profesional

Reunión de trabajo	**Konferenz, Besprechung**
lugar: la sala de conferencias	Ort: Konferenzsaal
el orden del día	Tagesordnung
informe del Sr. … sobre la Feria	Bericht von Herrn … über die Messe
comparación de productos	Produktvergleich
análisis del mercado	Marktanalyse
las últimas novedades del ramo	letzte Neuheiten der Branche
catálogos, folletos, trípticos	Kataloge, Prospekte, Faltblätter
las muestras de productos	Produktmuster

Hablar sobre productos   **Über Produkte sprechen**
productos de todas clases y precios   Produkte aller Sorten und Preise
de todos los tamaños y colores   in allen Größen und Farben
la denominación del producto   Produktbezeichnung
un nuevo diseño   ein neues Design
la presentación   Aufmachung, Verpackung
Son de una calidad excelente.   Sie sind von ausgezeichneter Qualität.
¿No hay productos buenos y baratos?   Gibt es keine guten und preiswerten Produkte?

El anuncio publicitario   **Eine Anzeige**
una campaña publicitaria excelente   eine hervorragende Werbekampagne
Hacen mucha propaganda.   Sie machen viel Werbung.

Lección 11 — No es nada grave

VOCABULARIO

1 Tapas y raciones

Relacione el nombre con la foto.

aceitunas	jamón serrano
calamares	chorizo
gambas	tortilla
queso manchego	champiñones

2 Lo contrario

Relacione con el contrario.

preocupado 1   a difícil
bajo 2   b temprano
mal 3   c tranquilo
fácil 4   d peor
poco 5   e mayor
tarde 6   f caliente
mejor 7   g bien
menor 8   h alto
frío 9   i mucho

3 Una llamada importantísima

Relacione sustantivo y adjetivo.

la competencia 1   a importados
el aire 2   b competitivos
una llamada 3   c dura
la situación 4   d importantísima
los productos 5   e libre
el público 6   f actual
la tendencia 7   g grave
los precios 8   h consumidor

4 ¿Tener o tomar?

| tiempo | aire fresco | ganas | ... que hacer | una llamada | una ración de ... | una cita con ... | prisa |
| una copa de ... | mucha sed | algo caliente | una cerveza bien fría | hambre | unas tapas |

tener

_____

_____

_____

_____

tomar

_____

_____

_____

_____

5 ¿Ser o estar?

| de acuerdo | nada grave | tranquilo | cansado | preocupado |
| un buen deportista | sólo un detalle | entusiasmado | un problema |

ser

_____

_____

_____

_____

estar

_____

_____

_____

_____

6 En-con-trar

Busque verbos de tres sílabas. Finden Sie Verben mit drei Silben.

| a | a | ar | bar | ca | cep | cer | char | cio | co | com | com | con | cu | de | der | es | fe | for | fun |
| in | in | mar | nar | no | pa | pa | pre | pre | pren | rar | rar | rir | sar | se | tar | tar | ver | vi |

_____

_____

_____

7 ¿Buen o bien?

¿Adjetivo o adverbio? Complete.

1. Quiero una cerveza _____ fría. – Yo prefiero un _____ vino tinto.

2. Inocencio es un _____ amigo de don Rogelio. Es un _____ comerciante.

3. Los niños hablan _____ inglés y alemán. Tienen un _____ profesor.

4. ¿No está _____, señora? – Sí, sí, pero no comprendo _____ el problema.

GRAMÁTICA

8 Un buen amigo

¿*Buen/o/a/s* o *mal/o/a/s*? Complete.

☺	☹
unos _____ amigos	unos _____ amigos
una _____ tendencia	una _____ tendencia
un _____ producto	un _____ producto
unas _____ muestras	unas _____ muestras
un _____ mercado	un _____ mercado
un _____ precio	un _____ precio
unos _____ regalos	unos _____ regalos
un _____ hotel	un _____ hotel

9 ¿*Gran o grande/s*?

1. Mi novio es un _____ deportista y además tiene siempre _____ ideas.
2. Pablo es un _____ amigo de Marta.
3. El euro alto es un _____ problema para las _____ empresas de exportación.
4. El hotel Solana es bastante _____, pero no es un _____ hotel.

10 ¡Qué caro el queso!

Compare.

Queso castellano semicurado
El Gran Cardenal, kg,
7,50 €

Queso castellano añejo de oveja
Gran Imperial, kg,
11,90 €

Queso castellano curado de
oveja **La Alberca**, kg,
9,50 €

	est___	és___	aquél___
el queso			Aquél no es tan caro.
la cerveza		Ésa es mejor.	
las aceitunas	Estas aceitunas son pequeñas.		
el chorizo		Ése no es tan malo.	Aquél es el …
el atún	Este atún no es muy fresco.		

11 En el bar

Complete el diálogo con los verbos *tener (que)*, *querer* y *preferir*.

A ¡Hola, Marisa! ¿Qué tal? ¿_____ un café?

B No, gracias. ¿Tú _____ ganas de tomar café a esta hora?

A No, bueno … _____ una cerveza, es verdad.

B Entonces, dos cervezas.

A Hola chicos, ¿qué _____ tomar?

C Para mí una horchata (Erdmandelmilch).

D Yo _____ una coca-cola. ¿Para ti también, Paco?

E No, yo _____ un zumo de naranja. Y tú, Julia, ¿qué _____?

F Nada, gracias. Yo, no _____ nada, gracias.

E ¿No _____ sed?

F No, acabo de tomar una limonada.

B _____ que hacer una llamada.

C ¿No _____ el móvil? ¿_____ llamar del mío?

B No, gracias, _____ llamar de casa, porque _____ que hablar mucho.

COMUNICACIÓN

12 Usted está preocupado.

Complete los recursos.

_____ Usted está preocupado, ¿no?

Warum? Was ist los? _____

Es ist nicht schlimm. _____

_____ ¿Tiene ganas de …?

So früh schon hier? _____

Und Sie? Was machen Sie? _____

_____ Usted conoce al señor López, ¿no?

Welchen López? Den von SEAT? _____

Nein, den anderen! _____

Sind das nicht Brüder? _____

Sollen wir ins Büro gehen? _____

13 ¿Qué hacemos?

Usted recibe la llamada de una amiga. Reaccione.   Eine Freundin ruft Sie an. Reagieren Sie.

A Hola, ¿cómo estás?

B _____

A Yo también, gracias. ¿Tienes ganas de ir a tomar algo esta noche?

B _____

A ¿Al bar Grandilocuente? Sí, de acuerdo. Y después, ¿qué hacemos?

B _____

A ¿Al cine? Bueno, no sé, ¿qué película quieres ver?

B _____

A Ah, ésta ya la conozco. ¿Y qué tal si vamos a la discoteca?

B _____

A ¿Estás muy cansado/-a? ¿Por qué?

B _____

A Bueno, si tienes que estudiar ... Pero podemos ir el sábado, ¿no?

   A propósito, ¿cuándo nos vemos esta noche?

B _____

A Está bien. Pues, hasta las ocho en el bar.

Panel profesional

Después de la reunión	**Nach der Besprechung**
Es importante saber ...	Es ist wichtig zu wissen ...
... qué hace la competencia.	... was die Konkurrenz macht.
... qué desea el público consumidor.	... was die Konsumenten wünschen.
... cuál es la tendencia del mercado.	... wie die Markttendenz ist.
Todavía tengo unas cuántas preguntas.	Ich habe noch einige Fragen.
Quiero saber todos los detalles.	Ich möchte alle Details kennen.
Tengo que volver a la oficina.	Ich muss zurück ins Büro.
Tengo una cita importantísima.	Ich habe eine äußerst wichtige Verabredung.
Tengo mucha prisa.	Ich habe es sehr eilig.
El mayor problema es la competencia.	Die Konkurrenz ist das Hauptproblem.

Encontrar a un conocido	**Einen Bekannten treffen**
Usted conoce a López, ¿no?	Sie kennen doch López, oder?
¿El de la fábrica de coches?	Den von der Autofabrik?
¿Qué tal la nueva colección?	Was macht die neue Kollektion?
¿Es fácil de vender?	Ist sie leicht zu verkaufen?
¿Usted conoce nuestros productos?	Kennen Sie unsere Produkte?
Sus productos son de primera calidad.	Ihre Produkte sind erstklassig.
El diseño es magnífico.	Das Design ist hervorragend.

Lección 12 — Marca registrada

VOCABULARIO

1 Conceptos compuestos

Conecte con *de*. Verbinden Sie mit *de*.

Soy un hombre de acción.

el hombre	1	a	los productos
el proceso	2	b	el comercio
el control	3	c	la acción
la gama	4	d	las materias primas
la cámara	5	e	la producción
el líder	6	f	la calidad
los proveedores	7	g	el mercado

2 Mucho gusto

Busque el adjetivo correspondiente y adáptelo.
Suchen Sie das passende Adjektiv und passen Sie es an.

| automático | registrado | sintético |
| primario | superior | social |

la marca _____

la razón _____

la producción _____

la calidad _____

los aromas _____

el sector _____

3 Productos a base de cacao

Complete los asociogramas. Ergänzen Sie die Wörternetze.

| bombones | manteca de cacao | base de chocolate | residuos de cacao | chocolate para diabéticos |
| chocolate con leche | | chocolatinas | granulado de chocolate | ~~cacao en polvo~~ |

productos elaborados

cacao en polvo

otros productos

66 sesenta y seis · Lección 12

4 Preposiciones

Complete con la preposición.

| a | con | de | del | en | para |

1. La empresa Torres es líder en el sector _____ chocolate.
2. En la fábrica Torres se fabrican todo tipo de productos _____ base de cacao.
3. La producción es _____ línea. Es una tecnología _____ punta.
4. Los productos salen listos _____ la venta.
5. La calidad la garantiza un sistema _____ control _____ calidad constante.
6. Y _____ los niños, chocolate _____ leche _____ la garantía _____ la Casa Torres.

GRAMÁTICA

5 ¿*Conocer* o *conocer a*?

1 Haga preguntas. Bilden Sie Fragen.

Ejemplo: ¿Vosotros conocéis el museo del Prado?

vosotros	el museo del Prado	_____
ella	Picasso	_____
él	señor Torres	_____
tú	la nueva galería	_____
usted	la calle Solana	_____
ustedes	la fábrica de chocolate	_____
vosotras	mi nuevo novio	_____

2 Conteste las preguntas.
Antworten Sie mit dem Akkusativpronomen.

Ejemplo: ¿El museo del Prado?
No, no lo conocemos.

Lección 12 · sesenta y siete · 67

6 ¿La, las, lo o los?

Complete con el pronombre directo. Setzen Sie das Akkusativpronomen ein.

1. Marta lee la carta de Pablo. _____ lee en la recepción. Llama a Pablo. _____ llama al móvil.
2. ¿Reservas tú la mesa? – Sí, _____ reservo yo. – Bueno, y ¿qué tomas? – Un zumo. – ¿_____ quieres con un poco de cava?
3. Camarero, unas tapas, por favor. – ¿_____ quieren comer en la mesa? – No, _____ podemos comer aquí.
4. Allí está Daniel. ¿_____ conoces? – No, no _____ conozco. ¿Quién es? – Es un colega. Javier y Rodrigo también son colegas míos. A ellos sí _____ conoces, ¿no? – Sí, claro.
5. ¿Y tú? ¿Conoces a Belén y a Isabel? – ¿A las hijas de don Rogelio? ¡Claro que _____ conozco!
6. ¿No comes las aceitunas? – No, no _____ como. – Entonces _____ como yo. – ¿Tomamos un café? – Sí, pero, ¿por qué no _____ tomamos en el bar?
7. Una pregunta, ¿tienes el teléfono de Marcela? – Sí, _____ tengo. ¿_____ quieres? – Sí, por favor. Y el número de Federico también _____ quiero, por favor.

7 ¿Adjetivos y adverbios?

Complete si es necesario.
Ergänzen Sie die passende Endung falls nötig.

1. Mucho gusto, señora Maldonado. – Igual_____. ¿Qué tal el viaje? – Todo bien, gracias. – ¿Es un viaje direct_____? – Sí, por suerte, sí. Acabo de llegar direct_____ de Madrid.
2. ¿Los nuevos productos, son igual_____ que los viejos? – Sí, pero ahora la producción es automátic_____. – ¿Total_____? – Sí, las máquinas son supermodernas. Los productos salen complet_____ list_____.
3. ¿Qué tal se venden los nuevos productos, señora Vidal? – Actual_____ tenemos muchos problemas. – Bueno, la situación actual_____ es difícil para todos, ¿no? – Sí, es verdad. Yo estoy constant_____ preocupad_____.
4. ¿Cuántas personas trabajan en su empresa? – Normal_____ unas 300, pero ahora, durante las vacaciones, menos, natural_____.

8 ¿Singular o plural?

Complete.

1
1. Se busca_____ secretaria.
2. Se compra_____ coches.
3. Se vende_____ casa.
4. No se puede_____ aparcar aquí.
5. Se vende_____ huevos.
6. Se compra_____ periódicos viejos.

2
1. ¿Recuerda cuántos idiomas se habla_____ en España? ¿Dónde se habla_____ catalán?
2. ¿Cómo se hace_____ la paella? – Oh, eso es muy difícil, se necesita_____ muchas cosas …
3. ¿Cómo se come_____ los calamares? ¿Y qué vino se toma_____ con ellos?
4. Los calamares se puede_____ comer con vino tinto o con vino blanco.
5. Este vino es muy bueno. – Sí, los vinos españoles son excelentes y se exporta_____ a todo el mundo.

COMUNICACIÓN

9 Un pedido de un restaurante

El fax no funciona. Explique por teléfono lo que necesita. ¡Pregunte por los precios!
Bestellen Sie telefonisch und erkundigen Sie sich nach den Preisen.

A Hipermercado Gigante, ¡Buenos días!   B _____
A ¿Cuánt_____ necesita?   B _____
A ¿De cuáles quiere?   B _____
A Cuestan …   B Está bien, entonces _____
A ¿Algo más?   B _____
A ¿Eso es todo por hoy?   B No, necesito también _____
A ¿_____ quiere?   B _____
A ¿Nada más?   B No, _____ ¿_____?
A Son _____ € en total.   B _____
A Sí, lo preparamos enseguida.   B Gracias, _____

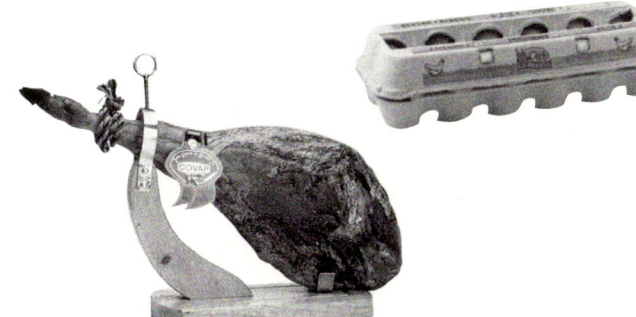

10 Su propia empresa

1 Suchen Sie sich ein Produkt aus und gründen Sie eine eigene Firma.

| helados   ravioles   bicicletas   zapatos   cosméticos |

2 Piense en lo que necesita.   Überlegen Sie, was Sie alles brauchen.

 3 Haga una lista.   Machen Sie sich eine Liste oder eine Tabelle.

La empresa	¿Cuál es su nombre? ¿Dónde está?
	¿Cómo es? ¿Cuántas personas trabajan allí?
La producción	¿Cómo es el sistema de producción?
Los productos	¿Qué productos elabora la empresa?
Las materias primas	¿Qué se necesita para la elaboración de …?
La marca	¿Qué marca tiene la casa?
El control de calidad	¿Hay un sistema de control? ¿Cómo es?
Los clientes	¿Quiénes son los principales clientes?

Panel profesional

Presentación de la empresa	**Firmenpräsentation**
datos principales	Basisdaten
razón social	eingeschriebener Firmenname
domicilio legal	Hauptsitz
propietario/-a/-os/-as	Eigentümer
marca registrada	eingeschriebene Marke
los proveedores	Zulieferer
la gama de productos	Produktpalette
la cartera de clientes	Kundenstamm
la Cámara de Comercio e Industria	Industrie- und Handelskammer
La producción	**Die Produktion**
La empresa elabora todo tipo de productos.	Die Firma produziert Erzeugnisse aller Art.
producción completamente automática	vollautomatische Produktion
las materias primas	die Rohstoffe
los productos terminados	die fertigen Produkte
listos para la venta	fertig zum Verkauf
un sistema de control de calidad automático	ein automatisches Qualitätskontrollsystem
diez años al servicio del cliente	zehn Jahre Dienst am Kunden
tecnología de punta	Spitzentechnologie
Los productos	**Die Produkte**
Son productos de tipo estándar.	Es sind Standardprodukte.
Se venden muy bien.	Sie verkaufen sich sehr gut.
La publicidad es excelente.	Die Werbung ist ausgezeichnet.
La marca es líder en el mercado catalán.	Die Marke ist Marktführer in Katalonien.

Lección 13 — La plantilla de personal

VOCABULARIO

1 Palabras en la empresa

Complete el crucigrama.   Ergänzen Sie das Kreuzworträtsel.

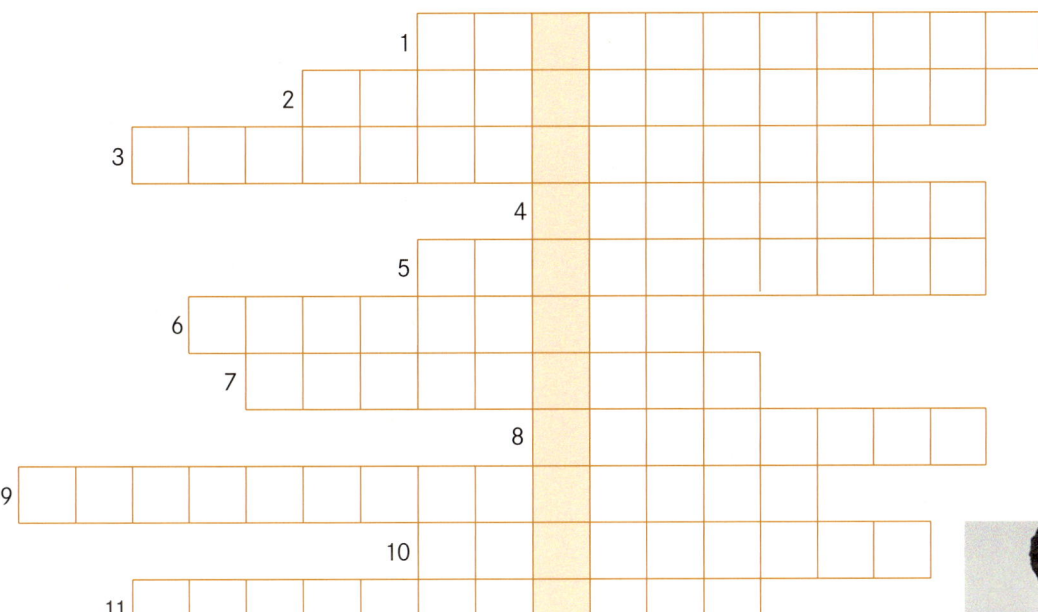

1. ¿De quién es la empresa? ¿Quién es el _____?
2. ¿En qué _____ trabajas tú?
3. El ingeniero es responsable de _____ y desarrollo.
4. Es nuevo en la empresa y aprende mucho. Es un _____.
5. Tiene mucho dinero. Es el socio _____.
6. Hace la propaganda y la publicidad. Trabaja en _____.
7. ¿Quién es el _____ de la recepción?
8. Busco trabajo. ¿Con quién tengo que hablar? – Con la jefa de _____ humanos.
9. Hay un problema con una cuenta. – La contabilidad está en el departamento _____.
10. ¿Dónde está el jefe de ventas? – No sé, él trabaja en el departamento _____.
11. La secretaria es la _____ de la organización y de la agenda.

Solución: el __ __ __ __ __ __ __ __ __ __

2 Fuga de vocales

Complete con las vocales.

__mpl____d__s   f__nc____n__s   r__sp__ns__b__l__d__d__s

__nf__rm__c____n__s   tr__nsp__r__nc____   __st__d____nt__

3 ¿Qué asocia usted con …? Was assoziieren Sie womit?

1 Relacione.

el marketing	1	a	la exportación
la investigación	2	b	la publicidad
la importación	3	c	el personal
el organigrama	4	d	el desarrollo
el control	5	e	la práctica
la estudiante	6	f	la calidad

2 Relacione un adjetivo con cada sustantivo.

la iniciativa	1	a	comunicativa
la estructura	2	b	administrativa
la competencia	3	c	jerárquica
la empresa	4	d	propia
la obrera	5	e	innovadora
la empleada	6	f	especializada

4 Perfil profesional

¿Qué características son importantes para la profesión? Welche Eigenschaften sind im Beruf wichtig?

> nervioso   correcto   agradable   simpático   amable   creativo   majo   elegante
> arrogante   joven   inteligente   vago   alegre   abierto   dinámico   flexible

😊😊😊	😊	😐	☹
muy importante	importante	indiferente	negativo

5 Es una chica muy amable.

1 ¿Reconoce estos adjetivos? Erkennen Sie diese Adjektive wieder?

> baledarga   imcápitas   varecati   eijov   egantele
> rogantera   leitinenget   egrale   batiera   ádicamin

2 Escriba una frase con cada adjetivo.
Schreiben Sie einen Satz mit jedem Adjektiv.

6 Retrato robot Phantombild

> joven   moreno/rubio   gafas de sol   bigote
> barba   pelo largo/corto   delgado/gordo

Usted ha visto a los ladrones. ¡Descríbalos!
Sie haben die Diebe gesehen. Beschreiben Sie sie der Polizei.

El hombre es ...

7 Es una persona que ...

1 Relacione.

... tiene todo [1]   [a] responsabilidad.
... tiene gran [2]   [b] presencia.
... tiene buena [3]   [c] éxito en todo.
... tiene [4]   [d] iniciativa propia.
... tiene mucha [5]   [e] bajo su control.
... tiene muchísima [6] [f] competencia comunicativa.

2 Relacione.

Es [1]   [a] de buen humor.
Está bien [2]   [b] confianza.
Está dispuesta [3] [c] disciplinada.
Es de mucha [4]   [d] informada.
Está siempre [5]   [e] muy profesional.
Es muy [6]   [f] a colaborar.

GRAMÁTICA

8 ¡Cuántos verbos!

Conteste las preguntas.

Ejemplo: ¿Y? ¿Qué noticias traes? – ¡Uf! Traigo muy malas noticias ...

1. ¿Y? ¿Qué noticias traes?   muy malas
2. ¿Cuándo vienes?   mañana
3. ¡Dios mío! ¿Qué traes en la mochila? tres botellas de vino
4. ¿Qué tienes? ¿Estás enfermo?   nada – estar cansado/-a
5. ¡Qué sorpresa! ¿Qué haces tú aquí?   nada – estar de vacaciones
6. ¿Qué dirección pones en la carta?   sólo la electrónica
7. ¿A qué hora sales del trabajo?   a las nueve de la noche
8. ¿Quién paga todo?   suponer – la empresa
9. ¿Puedo ir contigo?   no tener coche
10. ¿Y cómo vienes?   venir – bicicleta

9 ¿Muy o mucho/-a/-os/-as?

Complete con la forma correcta.

1. Marta trabaja _____, pero el trabajo es _____ interesante. Tiene colegas _____ simpáticos. El seminario es _____ bueno. La profesora sabe _____ y el clima es _____ agradable.

2. Todos trabajan _____ en la administración. Estos días hay _____ pedidos importantes. Ya es _____ tarde, pero todavía hay _____ empleados en la oficina. Están todos _____ cansados y el jefe está _____ nervioso. Es que tiene _____ problemas y está _____ preocupado.

3. _____ empresas tienen problemas actualmente. La situación es _____ difícil. Hay _____ productos extranjeros en el mercado y la competencia es _____ dura. Ya hay _____ gente sin trabajo.

10 ¿Si o cuando?

Complete con cuando o si.

1. _____ tomo cerveza, voy siempre en taxi.
2. _____ quieres comer algo, podemos ir al bar.
3. _____ llego temprano a la oficina, tomo un café antes de empezar a trabajar.
4. _____ tienes tiempo, podemos mirar las fotos.
5. _____ no hay trabajo, hablo con mis colegas o leo un libro.
6. _____ salgo de la oficina, siempre tengo hambre.
7. _____ comemos algo primero, después podemos ir a bailar.
8. La publicidad es buena _____ llama la atención del consumidor.

11 ¿Durante o mientras?

Complete con mientras o durante.

1. José Luis piensa en Carmen. Piensa siempre en ella, _____ el trabajo y _____ la pausa, _____ está en clase y _____ estudia.

2. No la ve _____ toda la semana, pero _____ come, mira su foto y _____ escucha música le escribe mensajes. Cuando puede, la llama _____ la pausa.

3. Cuando ella viene, van a comer juntos. _____ comen no hablan, sólo se miran. Van a bailar, y bailan _____ toda la noche.

4. Por la mañana, _____ ella duerme, él ya tiene que ir a trabajar.

74 setenta y cuatro Lección 13

COMUNICACIÓN

12 Una entrevista

La revista *Semana* también quiere publicar (*veröffentlichen*) un artículo sobre la empresa Torres.
Tiene que escribirlo usted. Prepare preguntas para informarse.

1. Wem gehört die Firma? Was macht Herr Torres dort? Ist er verheiratet?
2. Welche Funktionen hat Frau Ruiz Sabater. Warum hat sie Stress?
3. Wer ist die Chefin im Büro? Wie alt ist sie? Macht sie Überstunden?
4. Wer ist der große „Innovador" der Firma? Welche Abteilung leitet er?
5. Wer ist Carmen?
6. Was macht Ana María?
7. Und Felipe?
8. Pablo?

13 Opiniones

Conteste con los recursos.   Antworten Sie mit den Redemitteln.

| creer que | pensar que | suponer que | saber |

Creo que sí.
Pienso que no.
Supongo que sí.

A La empresa Novago, es una fábrica de electrónica, ¿no?
A Está en Martorell, ¿no?
A ¿Sabes quién es el gerente general?
A Yo creo que es uno de los hermanos López, ¿puede ser?
A ¿Piensas que es competencia de Lolocar?
A La situación del sector no es fácil.
A ¿Crees que Novago exporta mucho?   Pues, no sé.
A ¿Vamos a tomar un café?

B Ich denke ja, ich weiß es aber nicht genau.
B Ja, ich nehme an, dass sie Zulieferer von SEAT ist.
B Nein, das weiß ich nicht.
B Ich glaube, ja.
B Ich glaube, dass Lolocar andere Produkte macht.
B Klar, ich denke, die Lage ist für alle schwierig.
B Ich weiß nicht, ich nehme es an.
B Ich glaube, die Bar ist schon geschlossen.

14 ¡Y ahora usted!

1 ¿Recuerda su empresa de la lección 12? Erinnern Sie sich an Ihre Firma in Lektion 12?
Dibuje un organigrama. Zeichnen Sie ein Organigramm.

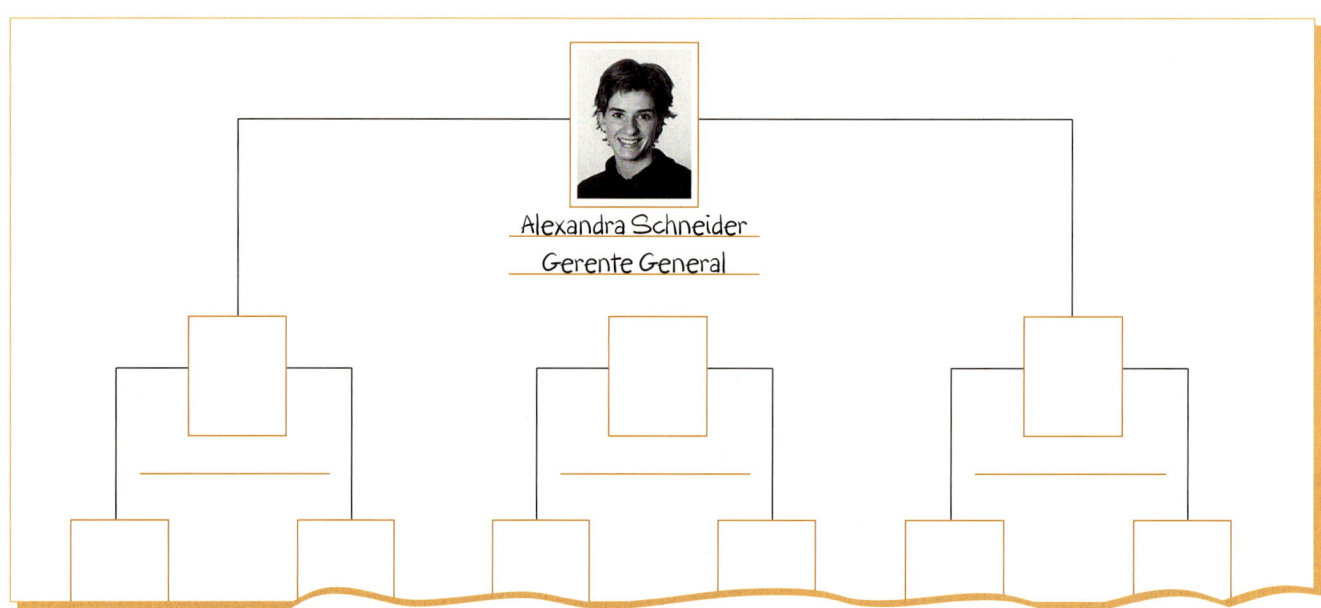

Alexandra Schneider
Gerente General

2 ¿Dónde está usted? Suchen Sie sich Ihre Stelle aus und markieren Sie sie im Organigramm.

 3 Y ahora le toca a usted contestar las preguntas. Nun werden Sie interviewt.

1. ¿Y usted? ¿Qué hace usted en la empresa?
2. ¿En qué departamento trabaja?
3. ¿Cómo es la estructura de la empresa?
4. ¿Hay personas con más de una función?
5. ¿Cuántas personas trabajan allí?
6. ¿Cómo es el clima de trabajo?

Panel profesional

Estructura de la empresa	Firmenstruktur
el organigrama	Organigramm
la estructura jerárquica	hierarchische Struktur
las distintas funciones	die verschiedenen Funktionen
las respectivas competencias	die jeweiligen Zuständigkeiten
la responsabilidad	die Verantwortung
empleados y obreros	Angestellte und Arbeiter
la plantilla de personal	Belegschaft
El clima de trabajo es excelente.	Das Betriebsklima ist hervorragend.
Logística y Mantenimiento	Logistik und Wartung
Marketing y Publicidad	Marketing und Werbung / PR
Departamentos	Abteilungen
Departamento Comercial	Kaufmännische Abteilung
Departamento Administrativo	Verwaltung
Departamento de Ventas	Verkauf
Recursos Humanos	Personal
Producción	Produktion
Departamento de Contabilidad	Buchhaltung
Exportación e Importación	Export-Import

76 setenta y seis Lección 13

Lección 14 — Planes y proyectos

VOCABULARIO

1 Las cuatro estaciones del año Die vier Jahreszeiten

1   2   3   4

1 Relacione.

| el otoño   el invierno   la primavera   el verano |

2 Jimena vive en Viña del Mar. ¿Sabe usted dónde está Viña del Mar?

| enero febrero marzo abril mayo junio julio |
| agosto septiembre octubre noviembre diciembre |

1. ¿Cuándo va a la playa?
   _____

2. ¿Cuándo va a esquiar a la Cordillera de los Andes?
   _____

3. ¿Cuándo hay muchas flores en su país?
   _____

4. ¿Y cuando se hace el vino?
   _____

2 Hay que viajar para conocer.

¿Qué es lo que no concuerda? Streichen Sie, was nicht passt.

1. camión	2. invierno	3. playa	4. gallinas	5. recorrer
torre	esquiar	verano	ofertas	visitar
bicicleta	frío	calor	agencia	conocer
avión	último minuto	viaje	vuelo	pensar

Lección 14 : setenta y siete : 77

3 Sinónimos y antónimos

Ponga = entre los sinónimos y ≠ entre los antónimos.
Schreiben Sie = zwischen die Synonyme und ≠ zwischen die Antonyme (Gegensatzpaare).

entrar	salir	ir	volver
abrir	cerrar	historia	leyenda
planes	proyectos	terminar	empezar
acabar	terminar	querer	desear
buen tiempo	mal tiempo	a lo mejor	quizás

4 Verbos y preposiciones

1 Ordnen Sie die Verben je nachdem, mit welcher Präposition sie benutzt werden. Mehrfachnennungen sind möglich.

| viajar | salir | ir | pasar | llegar | recorrer | entrar | venir | volver |

a	en	de	por	sin preposición

2 Escriba una frase con cada verbo.   Schreiben Sie mit jedem Verb je einen Satz.

3 ¿Cuándo se pone la preposición *a* con los verbos *ver* y *conocer*?
Wann wird bei den Verben *ver* und *conocer* die Präposition *a* verwendet?

¡Vamos a la playa!

5 Expresiones

Relacione las expresiones.   Welche Ausdrücke passen zueinander?

No es seguro todavía.	1	a	desear conocer mucho
tener libre	2	b	Queda tiempo todavía.
estar por ir ...	3	c	Es dificilísimo.
querer recorrer todo	4	d	hacer horas extra
trabajar mucho	5	e	pensar viajar a ...
Es casi imposible.	6	f	Ya vamos a ver.
No sé si voy a poder.	7	g	tener vacaciones
Falta mucho.	8	h	hacer muchas cosas
aprovechar el tiempo	9	i	no hacer nada
dormir y descansar	10	j	No sé si va a ser posible.

6 ¿Palabras profesionales?

¿Qué es lo que no concuerda?
Streichen Sie durch, was nicht passt.

la oferta más económica
el mejor servicio
las mejores condiciones
el mayor descuento
la terraza de la empresa
el asesoramiento
la red de oficinas
la leyenda romántica
la atención exclusiva

GRAMÁTICA

7 Voy a comprar un coche.

Escriba las frases en futuro.   Setzen Sie die Sätze in die Zukunft.

1. Compro un coche.
2. Leen el periódico.
3. ¿Tomáis un café?
4. Vamos al hotel.
5. ¿Visitas a José?
6. Luisa va a esquiar.
7. Mañana tengo libre.
8. Tengo que informar al jefe.

8 ¿Qué planes tienen?

Complete con los verbos.

| querer | pensar | estar por | ir a |

1. Luis _____ terminar los estudios.
2. Piensa _____ trabajar en la empresa de su padre.
3. _____ ir a vivir con su novia Luisa.
4. Luis y Luisa _____ alquilar una casita.
5. _____ una casa pequeña, con muchas flores.
6. _____ mirar los anuncios (Anzeigen) en el periódico, también _____ preguntar a sus amigos.

3 HABITACIONES – 60 M2
Finca semi-nueva con piscina, 3 dormitorios, cocina americana, baño, ascensor, exterior, AMUEBLADO.
Euros 600,00

3 HABITACIONES – 80 M2
FFCC. Estación Magoria 3 dormitorios, cocina, baño, balcón, alto, ascensor, finca 7 años, zona comunitaria con piscina, semi-amueblado.
Euros 800,00

9 ¿Interesar o gustar?

Haga frases. Bilden Sie Sätze.

a ti	les		conocer ciudades hacer camping viajar solo/-a/-os/-as
a mí	me	gustan	hablar con la gente discutir los precios dormir en el sol
a Luis y a Luisa	te	interesa	probar comidas típicas
a usted	le	interesan	
a nosotros	os	gusta	
a vosotras	nos		las pirámides la playa las flores la montaña
a los turistas	les		la historia las leyendas el calor / el frío

10 Lo más importante

 Complete con las expresiones correctas. Setzen Sie die passenden Ausdrücke ein.

> lo más importante   lo interesante   lo que   lo   lo antes posible   lo más divertido   lo mejor

1. _____ es hablar con la gente.
2. No sabe _____ va a hacer.
3. Para mí, _____ es ir a la playa.
4. Luis va a venir _____.
5. Para aprender un idioma _____ es practicar.
6. Perdón, ese paraguas es mío.
   – ¡Oh! _____ siento, señora.
7. Y para usted, ¿qué es _____ en un viaje?
   – Bueno, pues, estar en un buen hotel.
8. Para Merche _____ es ir a los museos.

11 ¿Por qué?

 Dígalo de otra manera. Sagen Sie es anders.

1. La casita les gusta mucho porque tiene muchas flores.
   _____ ya que _____.
   Como _____, _____.
   _____. Por eso _____.
2. Como la casita es muy cara, no pueden alquilarla.
3. El vuelo es barato ya que es un vuelo de último minuto.
4. Ana y su novio ya conocen el Sur. Por eso ahora van al Norte.

COMUNICACIÓN

12 ¿Cuándo tienes vacaciones?

Haga las preguntas correspondientes.
Stellen Sie die passenden Fragen.

1. _____
   Este año tengo tres semanas de vacaciones.

2. _____
   Voy a ir a Tenerife en primavera.

3. _____
   Porque entonces hay menos gente.

4. _____
   Pues, con mi familia.

5. _____   Sí, a los niños les gusta mucho. Es lo mejor.

6. _____   Vamos a alquilar una casita.

7. _____   Pues, ir a la playa, descansar, tomar el sol.

8. _____   Vamos a ir en avión, es un vuelo directo desde Madrid.

13 ¿Y usted?

Escriba un e-mail. Schreiben Sie eine E-Mail und erzählen Sie von Ihren Ferien.

¿Cuándo tiene vacaciones? ¿Cuánto tiempo?   ¿Cómo piensa viajar? ¿Con quién?
¿Qué planes tiene? ¿Adónde quiere viajar? ¿Por qué? ¿Qué quiere hacer allí?   ¿Qué es lo más interesante para usted?

Panel profesional

Planes y proyectos de vacaciones
La empresa Torres no cierra en verano.
¿Cuándo tienes vacaciones este año?
El mes que viene.
Tengo casi tres semanas libres.
El viaje empieza el dos de agosto y termina el treinta.
Aprovecho el tiempo al máximo.
Quiero recorrer lo más posible.
Voy a alquilar un coche.
Hace muchas horas extra.

En la agencia de viajes
las condiciones
las ofertas
el descuento
la atención
el asesoramiento
a su disposición

Urlaubspläne
Die Firma Torres schließt im Sommer nicht.
Wann hast du dieses Jahr Urlaub?
Nächsten Monat.
Ich habe fast drei Wochen frei.
Die Reise beginnt am 2. und endet am 30. August.
Ich nutze die Zeit so gut wie möglich.
Ich möchte so viel wie möglich herumkommen.
Ich werde ein Auto mieten.
Er/Sie macht viele Überstunden.

Im Reisebüro
Bedingungen
Angebote
Rabatt, Preisnachlass
Aufmerksamkeit, Kundenservice
Beratung
zu Ihrer Verfügung

Lección 15 — Citas y fechas

VOCABULARIO

1 ¿Qué tiempo hace?

1 Relacione.

- a Hay tormenta.
- b Hace sol.
- c Está nublado.
- d Llueve mucho.
- e Nieva.
- f Hace 40°.
- g Hace viento.
- h Hay niebla.
- i Hace 12° bajo cero.

2 ¿Qué opina? ¿Hace buen tiempo o mal tiempo?
Ordene.

Hace buen tiempo.	Hace mal tiempo.
Hace sol.	

3 ¿Conoce más expresiones del tiempo?
Kennen Sie noch andere Ausdrücke zur Beschreibung des Wetters? Tragen Sie sie in die Tabelle ein!

82 ochenta y dos Lección 15

2 Complete las series

> almorzar/comer   verano   invierno   a última hora   por la mañana   a fines de mes   desayunar

1. primavera – _____ – otoño – _____
2. a principios de mes – a mediados de mes – _____
3. a primera hora – _____ – al mediodía – por la tarde – _____
4. _____ – _____ – cenar

3 Lo siento.

¿Qué es lo que no concuerda?   Was passt nicht?

1.	2.	3.
¡Qué mala suerte!	Para mí, está bien.	Acaba de salir.
Lo siento.	De acuerdo.	Está por llegar.
lamentablemente	Es muy urgente.	Viene seguro.
¡Qué lastima!	Sí, puede ser.	Viene enseguida.
casa de locos	Quedamos así.	Va a estar aquí de un momento a otro.

4 ¿Cuántas veces?

¿Recuerda? Complete la tabla.   Ergänzen Sie die Tabelle.

cada vez			noch einmal
_____	gleichzeitig	_____	einmal
_____	hundertmal	_____	manchmal
_____	selten	_____	oft
_____	das erste Mal	_____	das letzte Mal
_____	zweimal im Jahr	_____	dreimal pro Woche

5 ¿Es lo mismo?

Verbinden Sie mit = die gleichbedeutenden Ausdrücke und mit ≠ die anderen.

lo antes posible	cuanto antes
una ventaja	una desventaja
más temprano	más tarde
volver a llamar	llamar de nuevo
fijar una fecha	cancelar una cita
cada vez	otra vez
concretar la fecha	aplazar la cita
el mismo número	otro número
tan pronto no	mejor más tarde

6 Aquí se trabaja.

1 Traduzca.

la fecha _____   el puente _____

el dato _____   más tarde _____

el día festivo _____

2 Complete las frases con las expresiones de arriba.

A Tenemos que vernos pronto, en octubre, como _____.

B Sí, es verdad. ¿A principios de octubre? ¿El jueves 3? ¿Esta _____ está bien para ustedes?

A No, aquí en Alemania no se trabaja. Es _____.

B Y al día siguiente, seguro que tienen un _____, ¿no?

A No, no, aquí se trabaja.

B Si es así, fijamos el 4 de octubre.

A De acuerdo. A fines de septiembre la voy a llamar para darle los _____ del vuelo.

GRAMÁTICA

7 Verbos con cambio e – ie

1 Complete la tabla. Ergänzen Sie die Tabelle.

	decir	pedir	repetir	seguir	conseguir
yo	digo	_____	_____	_____	_____
tú	_____	pides	_____	_____	_____
él/ella/usted	_____	_____	repite	_____	_____
nosotros/-as	_____	_____	_____	seguimos	_____
vosotros/-as	_____	_____	_____	_____	conseguís
ellos/ellas/Uds.	dicen	_____	_____	_____	_____

2 Complete los diálogos.

1. A Hola, mamá, _____ el mal tiempo y nosotros _____ en el aeropuerto de Montevideo.

   B ¡Qué mala suerte! A ver si _____ un vuelo un poco más tarde.

2. A ¿Puede _____ la fecha, por favor?

   B Claro, el 15 de junio.

3. A ¿_____ una cerveza para ti también?

   B Sí, y nosotros _____ algo para picar, ¿no?

8 Un día en la vida de Alicia

¿Cuándo hace qué? Escriba frases. Indique la hora.   Schreiben Sie Sätze und geben Sie jeweils die Uhrzeit an.

Alicia desayuna a las siete y cuarto.

Lección 15 · ochenta y cinco · 85

9   Debe de haber mucha nieve.

Conteste con una suposición.
Antworten Sie mit einer Vermutung.

Ejemplo: ¿Qué pasa con los clientes?
– No sé, debe de haber mucha nieve y no pueden venir.

1. ¿Qué pasa con ...?   Pedro y María   estar en un atasco
2. ¿De quién ...?   la mochila   ser de Carmen
3. ¿Dónde ...?   las maletas   hotel
4. ¿Por qué no ...?   las chicas   estar enfermo/-a
5. ¿Cuánto cuesta ...? el libro   más de 20 €

COMUNICACIÓN

10   ¿Cómo quedamos?

Complete.

> ¡Qué mala suerte!   ¡Qué lástima!   lo siento   lamentablemente

A Ahora ya no hay más tiempo.

B _____.

A Podemos quedar para el lunes, ¿no?

B No, yo no puedo. _____ mucho.

A ¿Y el martes?

B Tampoco, _____ ya tengo una cita.

A Pues, _____.

B Sí, es verdad. _____.

11   ¿A qué hora?

Conteste.

1. ¿A qué hora desayuna usted entre semana?   Entre semana, desayuno a ...
2. ¿Y los fines de semana?
3. ¿A qué hora empieza a trabajar usted?
4. ¿Y a qué hora termina?
5. ¿A qué hora come?
6. ¿Y a qué hora va a dormir?
7. ¿A qué hora es la clase de español?
8. ¿Y la fiesta del sábado?

12 El tiempo

Escriba.

1. ¿Qué tiempo hace ahora? _____
2. ¿Cómo es el invierno en su región? _____
3. ¿Y el verano? El verano en Mecklemburgo es bastante frío ...

13 ¿Qué tiene que hacer?

Relacione.

Usted		Usted tiene que	
quiere hablar con una persona.	1	a	fijar la fecha.
prefiere hablar personalmente.	2	b	cambiar la fecha.
no puede ir a una cita.	3	c	cancelar la cita.
quiere decidir cuándo va a viajar.	4	d	pedir una cita.
no puede ir el martes 8 pero sí el lunes 7.	5	e	llamar para quedar.
quiere estar seguro de que lo/la esperan.	6	f	concretar.
prefiere reunirse en otro momento.	7	g	aplazar la reunión.
quiere saber exactamente en qué está.	8	h	confirmar la visita.

Panel profesional

Una cita
pedir una cita
aplazar una cita
concretar una fecha
confirmar la fecha
cancelar una reunión

Al teléfono
¿Está don Rogelio, por favor?
No, lamentablemente el señor Torres no está en este momento.
Quizás le puedo ayudar yo ..., ¿por qué asunto es?
Tengo que hablar personalmente con él.
Puede volver a llamar más tarde.
El señor Torres debe de estar a punto de llegar.

Ein Termin
um einen Termin bitten
einen Termin verlegen
das Datum festmachen
das Datum bestätigen
ein Treffen absagen

Am Telefon
Ist Don Rogelio zu sprechen, bitte?
Nein, leider ist Herr Torres zur Zeit nicht im Haus.

Vielleicht kann ich Ihnen helfen ... Worum handelt es sich?
Ich muss mit ihm persönlich sprechen.
Sie können später noch einmal anrufen.
Herr Torres muss gleich kommen.

Lección 16 — Cambio de programa

VOCABULARIO

1 Mucho que hacer   Viel zu tun

¿Cuándo es mejor aprender el nuevo vocabulario?

14	F	L	E	X	I	B	I	L	I	D	A D

1. ¿Te gusta la música? – Sí, la _____ me gusta mucho.
2. ¿Conoces a mi madre? – No, no la conozco. – Pues, es buena como un _____.
3. ¿Sabes qué dan hoy en el cine? – No, ¿no está el _____ en el periódico?
4. ¿Los niños ya van al colegio? – No, todavía son pequeños, van a la _____.
5. Los vinos están abajo, ¿no? – Claro, en la _____.
6. ¿Empiezas a trabajar a las 5 h. de la mañana? – Sí, tengo un _____ muy malo.
7. ¿Sabes que Lito tiene novia? – Sí, Marta y Lito son una _____ muy simpática.
8. ¿Vienes el sábado? – Lo siento, no puedo: ya tengo otra _____.
9. ¿Nos sentamos aquí, en la cocina? – No sé, ¿por qué no vamos a la _____?
10. ¿No es mucho trabajo para ustedes? – No, no, para nosotros no es _____.
11. Bueno, ¡hasta el lunes! – Sí, saludos a tu marido y un _____ para los niños.
12. ¿Qué buscas en el periódico? – Un/a _____ para mi hijita, es que pronto empiezo a trabajar otra vez.
13. Tengo que hablar con Ana. – ¿Por qué no la llamas? – Es que está siempre el _____ automático.
14. ¿Qué tal el trabajo? – Uf, hay que estar dispuesto a todo. Cada vez piden más _flexibilidad_.

El mejor momento es siempre: _ _ _ _ _ _ _ _ _ _ _ _ _ .

88 ochenta y ocho Lección 16

2 Grandes amigos – verbos y sustantivos

Complete con el sustantivo.

negociar	las _____		comer	la _____
invitar	una _____		molestar	la _____
leer	los _____		estudiar	el _____
saludar	muchos _____		opinar	la _____
contestar	el _____ automático			

3 ¿Qué se hace?

Ergänzen Sie das passende Verb.

tocar	pasar	jugar	lavar

_____ al fútbol   _____ por el hotel

_____ la guitarra   _____ a las cartas

_____ las manos   _____ al tenis

4 ¿Por qué?

¿Recuerda? Complete la tabla con expresiones con *por*.

_____ von mir aus   _____ pro Woche

_____ hier entlang   _____ erstmal, im Moment

_____ darum   _____ selbstverständlich

_____ zum Glück   _____ warum?

5 ¿Cuántas veces?

Complete la serie.

casi nunca	a veces	casi siempre	normalmente

siempre _____ _____ _____ _____ nunca

6 ¡A darse prisa!

Forme verbos reflexivos. Bilden Sie reflexive Verben.

a rre le glar grar   arreglarse   _____
                    + se
lla la mar var   _____   _____

Lección 16   ochenta y nueve   89

GRAMÁTICA

7 ¡Cuánto me alegro!

Complete la tabla. Ergänzen Sie die Tabelle.

	alegrarse	ducharse	llamarse	quedarse	sentarse (ie)	sentirse (ie)
yo	me alegro	_____	_____	_____	_____	_____
tú	_____	te duchas	_____	_____	_____	_____
él/ella/usted	_____	_____	se llama	_____	_____	_____
nosotros/-as	_____	_____	_____	nos quedamos	_____	_____
vosotros/-as	_____	_____	_____	_____	os sentáis	_____
ellos/ellas/Uds.	_____	_____	_____	_____	_____	se sienten

8 Verbos reflexivos

Complete los diálogos.

> enfadarse   alegrarse   ocuparse   lavarse   sentirse
> darse prisa   tratarse   llamarse   sentarse   arreglarse

1. Mi jefa es muy buena. Nunca _____ por nada.
2. Gracias por el regalo. _____ mucho.
3. ¿Por qué no vienes? – Es que hoy no _____ muy bien.
4. Tu marido es un ángel, siempre _____ de todo.
5. ¿Dónde puedo _____ las manos?
6. ¿Podemos pasar a _____ un poco, por favor?
7. Tenéis que _____ prisa. El tren sale a las 6 h.
8. Hay un problema. – ¿De qué _____?
9. No sé cómo _____ los nuevos productos, no recuerdo el nombre.
10. Un momento, por favor. Pueden _____ en la sala de espera.

9 ¿Jugar o tocar?

1 Escriba siete frases.

> Lito   Don Rogelio   Isabel y Belén   Marcela   Ana María

> jugar a/al   tocar

> el fútbol   el tenis   la guitarra   el saxofón (Saxophon)   el golf   el piano (Klavier)   las cartas

2 ¿Y usted?

10 ¿Para o por?

Complete los diálogos.

1. **A** ¿Hay un banco _____ aquí cerca?
   B No, señora. Tiene que ir al centro.
   A ¿Qué autobús tengo que tomar?
   B ¿_____ ir al centro? El número 7.

2. **A** ¿_____ quién es la carta?
   B _____ Marta.
   A ¿_____ mí no hay nada?
   B Sí, hay un fax _____ ti.

3. **A** Una pregunta, ¿_____ hablar con la Sra. García?
   B Puede venir el miércoles _____ la tarde.

4. **A** No sé, ¿_____ cuándo necesita la información?
   B Pues yo creo que _____ mañana.

5. **A** ¿Está todo listo?
   B _____ suerte sí, pero no puedo viajar _____ la huelga.

COMUNICACIÓN

11 ¡Qué mala suerte!

Wie sagen Sie,

1 wenn Sie etwas bedauern?

_____   _____   _____   ¡Qué mala suerte!

2 und wenn ...?

Sie sich freuen, jemanden kennenzulernen.

eine Veränderung eingetreten ist.

etwas auf morgen verschoben wird. **(dejar para mañana)**

Sie kurz am Hotel vorbei fahren müssen.

etwas für Sie keine Mühe, sondern, im Gegenteil, ein Vergnügen ist.

Sie sich ein wenig zurecht machen möchten.

Sie fertig sind und man Ihretwegen losfahren kann.

Sie ein Mitbringsel für Ihre/n Gesprächspartner/in haben.

12 El nuevo libro

Usted tiene un muy buen libro sobre la situación económica en Europa. Escriba una carta a un amigo / una amiga y explíquele por qué le gusta.
Erzählen Sie einem Freund / einer Freundin, warum Ihnen das neue Buch zur Wirtschaftslage in Europa so gut gefällt.
Este vocabulario le puede ayudar:

el libro	el detalle	los datos
la foto	interesante	excelente
nuevo	gustar	alegrarse	leer

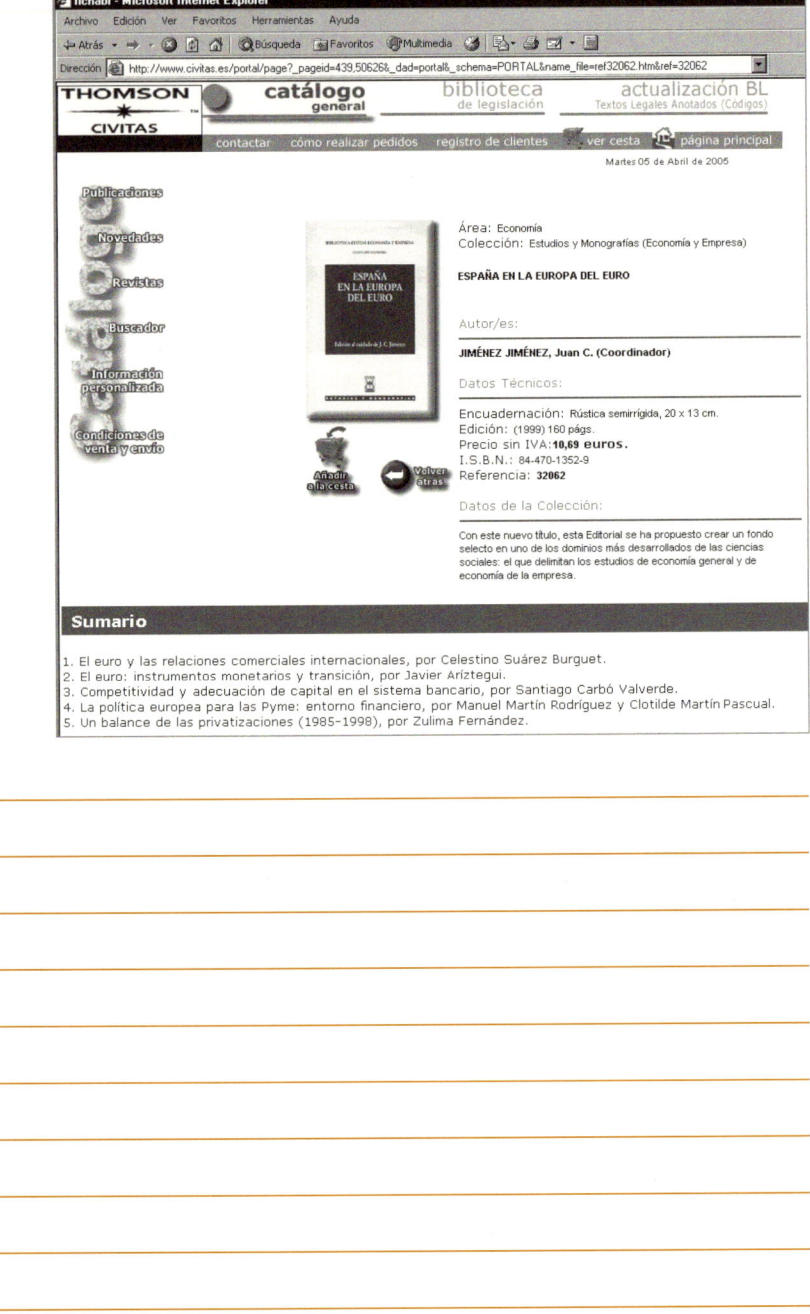

Panel profesional

La realidad laboral	Die Arbeitswelt
convenio laboral colectivo	Kollektivarbeitsvertrag
el horario laboral	Arbeitszeit/en
la flexibilidad de horario	flexible Arbeitszeiten
trabajo a tiempo parcial	Teilzeitarbeit
trabajo a jornada intensiva	durchgehende Arbeitszeit
trabajar en dos turnos	in zwei Schichten arbeiten
la madre soltera	allein stehende/erziehende Mutter

Lección 17 — Nos mantenemos en contacto

VOCABULARIO

1 En la mesa

1 Complete los sustantivos.

b_t_ll_   p_ _ll_   p_ll_

p_t_t_s   c_l_m_r_s   fr_t_

_ns_l_d_   v_n_   c_p_

2 Escriba las palabras con los artículos.

_____   _____   _____

_____   _____   _____

_____   _____   _____

2 ¿Qué es lo que no concuerda?

1. el fuego – los cuadros – el arte – el pintor – el experto
2. la música – la guitarra – el disco duro – el disco compacto – tocar
3. la cocina – la botella – el comedor – la terraza – la entrada
4. ¿Cuándo viene? – ¿A qué hora? – Queda tiempo. – Ya no hay tiempo. – Hace mal tiempo.

3 Sustantivos y adjetivos

Relacione.

1.
obras [1]   [a] rota
paella [2]   [b] preciosa
música [3]   [c] conocidas
visita [4]   [d] riquísima
guitarra [5] [e] amable

2.
casco [1]   [a] compacto
cuadro [2]   [b] europeo
horario [3]   [c] agradable
conversación [4]   [d] bonito
disco [5]   [e] antiguo

4 Se trata de verbos reflexivos.

Forme verbos reflexivos.   Bilden Sie reflexive Verben.

man ir te ner

que ver dar

re en fe con rir trar   + se

o tra cu tar par

sen tar tir sen

fa dar en mar lla

_____   _____

_____   _____

_____   _____

_____   _____

_____   _____

_____   _____

5 Antes de firmar hay que mirar.

Complete el crucigrama.

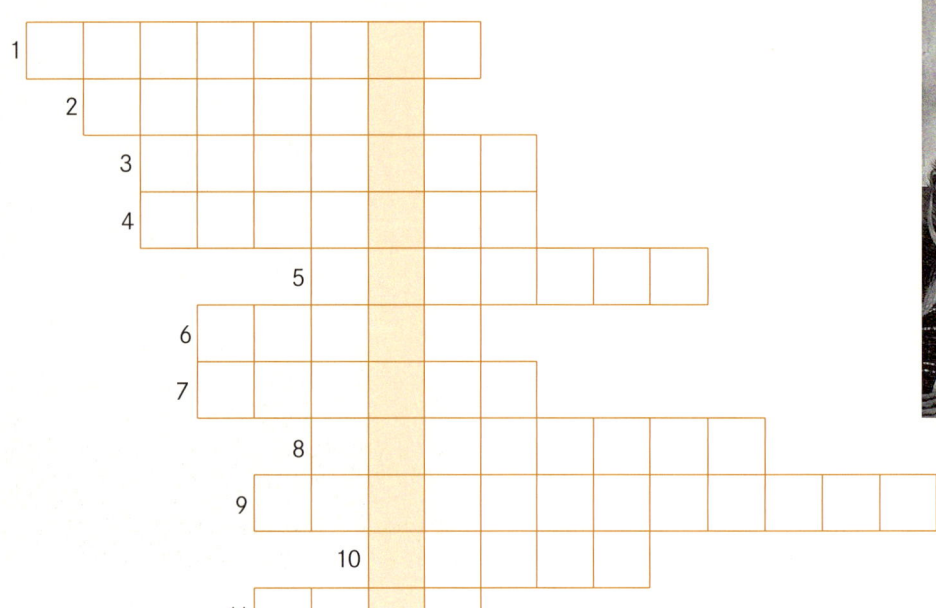

1. Música típica de Andalucía. También se baila.
2. Es la obra de un pintor.
3. Hay personas que pueden hacer algo muy bien. Tienen ...
4. A la hora de la comida, toda la familia se reúne en el ...
5. Frida Kahlo es una famosa ... mexicana.
6. En el centro de la ciudad está el ... antiguo.
7. El sábado tengo ... Vienen mis padres.
8. Si concretamos las condiciones, podemos firmar el ...
9. Durante la comida, la ... es muy agradable.
10. ¡A la salud de todos! – ¡Gracias! ¡Y mucho ...!
11. Adiós y buen viaje. Y ya saben, esta es su ...

Antes de firmar hay que mirar las __ __ __ __ __ __ __ __ __ __ __ __ __.

GRAMÁTICA

6 ¿*Saber* o *poder*?

1. El señor Navarro _____ hacer de todo un poco.
2. Ana no _____ trabajar estos días porque está enferma.
3. Carmen _____ hablar chino, pero no _____ francés.
4. Aquí no hay aire, no se _____ trabajar.
5. En el trabajo, Felipe no _____ hacer nada, pero _____ tocar la guitarra.
6. ¿Se _____ comprar chocolate Mucho Gusto en Alemania?
7. Ana María _____ hacer unos pasteles muy ricos.
8. Mamá, ¿me _____ comprar estos vaqueros (Jeans)?
9. Tengo un problema y no _____ qué hacer.
10. ¿Qué problema tienes? – Es un secreto (Geheimnis), no _____ hablar del asunto.

7 Buscar el imperativo

Forme el imperativo de la 2ª persona del singular.
Bilden Sie den Imperativ in der 2. Person Singular.

1. aprender idiomas   _____
2. estudiar más   _____
3. beber leche   _____
4. mirar en el diccionario   _____
5. hacer deporte   _____
6. preguntar por el Sr. Ruiz _____
7. buscar las llaves   _____
8. llamar(me) por teléfono   ¡Llámame por teléfono!
9. traer(me) el periódico   _____
10. decir(me) lo que necesitas _____
11. leer el artículo   _____
12. dar(me) las llaves   _____

8 Oraciones relativas

1 Complete las frases.

| España verde | vino | pirámides mayas | flamenco | experto en arte | hijas | paella | ~~casco antiguo~~ |

1. El _casco antiguo_ es muy interesante.
   Está en el centro de la ciudad.

2. El _____ es una bebida.
   Se toma normalmente con la comida.

3. Las _____ son muy antiguas.
   Están en Guatemala.

4. El Sr. Meyer es un _____.
   Visita a la familia Torres.

5. El _____ es muy romántico.
   Es un baile típico de Andalucía.

6. La _____ está en el Norte. Es la región con mas lluvias de España.

7. Isabel y Ana Belén son las _____ de los Torres. Isabel y Ana Belén son muy simpáticas.

8. La _____ está riquísima. Tiene calamares.

2 Une las frases. Machen Sie aus zwei Sätzen einen.

Ejemplo: El casco antiguo, que está en el centro de la ciudad, es muy interesante.

Lección 17 · noventa y cinco · 95

9 Buscar el infinitivo

1 Busque el infinitivo.

1. Vuelve temprano. _____
2. Piensa en el futuro. _____
3. Duerme más. _____
4. Empieza mañana. _____
5. Cierra bien todo. _____
6. Pide otra cosa. _____

2 Complete la regla.

Gruppenverben bilden den Imperativ der 2. Person Singular ausgehend von der _____ Person _____ des Indikativs. Verben auf -ar haben die Endung _____ und Verben auf -er und -ir haben die Endung _____.

10 Verbos reflexivos

Complete.

| darse prisa | irse | mantenerse | encontrarse (ue) | sentirse | ocuparse | tratarse | quedarse | alegrarse |

1. Escribo muchos e-mails para _____ en contacto con mis amigos.
2. Ahora tengo que _____ para llegar temprano a la oficina.
3. Tengo un problema. ¿De qué _____? – No sé quién _____ de los pedidos.
4. ¿Tienes fiebre, María Luisa? ¿No _____ bien? ¿Por qué no _____ en casa?
5. Mucho gusto, señores, _____ mucho de conocerlos.
   – Nosotros también _____.
6. ¿Por qué _____ tan tarde, chicos? – Es que _____ con unos amigos para ir a bailar.

COMUNICACIÓN

11 De acuerdo.

Ordene los recursos. Ordnen Sie die Redemittel.

| Tiene razón. | Lo siento. | Yo creo que no. | De acuerdo. | lamentablemente | ¡Qué lástima! |
| Por supuesto. | ¡Qué mala suerte! | Al contrario. | Si es así, mejor. | Claro que sí. |

estar de acuerdo	no estar de acuerdo	sentirlo (etwas bedauern)
Claro que sí.		

12 ¡A su salud!

En la mesa

_____ Auf Ihre Gesundheit!

_____ Auf die Gesundheit Ihrer Familie!

Estoy satisfecho. _____

Para despedirse

_____ Vielen Dank für alles.

Al contrario, gracias a ustedes. _____

Ya saben, esta es su casa. _____

13 ¿Cuándo vas a tener tiempo?

Traduzca el diálogo.

A Heute kann ich nicht nach Hause kommen, ich muss mit Kunden zum Essen.
B Um wie viel Uhr kommst du denn zurück?
A Ich weiß (es) nicht genau, aber spät.
B Einverstanden. Ich werde auch nicht zu Hause sein. Ich gehe heute Abend mit Amanda ins Kino.
A Trefft ihr euch in der Stadt?
B Ja. Wir gehen dort Tapas essen.
A Wie schön, na, dann bis bald.
B Bis morgen.

CARTELERA — SALAS DE CINE

ALICANTE

Aana
Pascual Pérez, 44-46; 965 218 972.
Underworld.   18.00 20.15 22.30
El mexicano.   18.00 20.15 22.30
Bichunmoo.   18.00 20.15 22.30

Abaseis
C.C.Panoramis, muelle 6.
Dos policias rebeldes II.   18.00   22.00
Noviembre.   18.00 20.15 22.30
Te doy mis ojos.   18.00 20.15 22.30
Hasta que la muerte los separe.   18.00 20.15 22.30
Los abajo firmantes.   18.00 20.15 22.30
Hollywood; departamento.   18.00 20.15 22.30

Panel profesional

Mantenerse en contacto	**In Verbindung bleiben**
Nos encontramos en el hotel.	Wir treffen uns im Hotel.
Las condiciones están prácticamente claras.	Die Konditionen sind so gut wie fertig ausgearbeitet.
Tenemos que firmar el contrato.	Wir müssen den Vertrag unterzeichnen.
Nos mantenemos en contacto.	Wir bleiben in Verbindung.
Horarios laborales	**Arbeitszeiten**
trabajar en dos turnos	in zwei Schichten arbeiten
tener horario continuo	durchgehend arbeiten
horario español	spanische Arbeitszeiten (etwa 9.00 bis 14.00 und 17.00 bis 20.00)
horario europeo	mitteleuropäische Arbeitszeiten (etwa 8.00 bis 16.00)

Lección 18 — Una verdadera catástrofe

VOCABULARIO

1 Sustantivo y adjetivo

Relacione los sustantivos con los adjetivos.

1.
- el viaje [1]
- la oportunidad [2]
- la comunicación [3]
- el aire [4]
- el problema [5]

- a única
- b acondicionado
- c inesperado
- d solucionado
- e mala

2.
- el servicio [1]
- las personas [2]
- el amigo [3]
- el ordenador [4]
- la feria [5]

- a interesadas
- b enfermo
- c internacional
- d técnico
- e central

2 Adjetivo y sustantivo

Combine los adjetivos con los sustantivos.
Kombinieren Sie die Adjektive mit den Substantiven.
Achten Sie auf die Übereinstimmung in Zahl und Geschlecht!

- verdadera [1]
- maldito [2]
- grandes [3]
- misma [4]
- mal [5]
- varias [6]

- a estado
- b catástrofe
- c veces
- d ordenador
- e hora
- f problemas

- una verdadera _____
- el _____
- grandes _____
- la _____
- en mal _____
- varias _____

3 Sustantivo y sustantivo

Relacione.

- el cambio [1]
- los camiones [2]
- la lista [3]
- el defecto [4]
- el código [5]
- la solución [6]
- la base [7]

- a los transportistas
- b el ordenador
- c la red
- d los precios
- e el programa
- f los datos
- g los problemas

- el cambio de _____
- los _____
- _____
- _____
- _____
- _____
- _____

4 Necesitamos a un especialista.

1. Tenemos muchos problemas con el ordenador. Hoy ha ... el programa.
2. No hemos podido hacer nada. La fábrica está ...
3. ¿Cuál es el problema? ¿Han encontrado el ...?
4. Hemos tenido que llamar a un ...
5. El servicio técnico ha ... todo el sistema.
6. No sé, no ... lo que ha pasado.
7. Parece que el problema ha sido en la ...
8. Por suerte han ... el problema. Ahora podemos trabajar otra vez.
9. ¡Qué bien! ¡Por ...!
10. Ahora me voy a tomar un ...

¡Esto ha sido una _ _ _ _ _ _ _ _ _ _ _ _ _ !

GRAMÁTICA

5 El perfecto

Complete la tabla. Ergänzen Sie die Tabelle.

	terminar	tener	repetir	hacer	encontrarse	caerse
yo	he terminado	___	___	___	___	___
tú	___	has tenido	___	___	___	___
él/ella/usted	___	___	ha repetido	___	___	___
nosotros/-as	___	___	___	hemos hecho	___	___
vosotros/-as	___	___	___	___	os habéis encontrado	___
ellos/ellas/Uds.	___	___	___	___	___	se han caído

Lección 18

6 Participios

Complete con los participios.

terminar _____   controlar _____   repetir _____

empezar _____   preparar _____   cargar _____

revisar _____   pasar _____   encontrar _____

pensar _____   parecer _____   poder _____

caerse _____   hacer ! _____   decir ! _____

poner ! _____

7 Ha llamado desde China.

Complete con los verbos en perfecto.

1. El empresario no _____ (poder) viajar a China, porque _____ (enfermar krank werden).
2. Don Rogelio _____ (ir) en su lugar. _____ (viajar) en avión.
3. Esta mañana _____ (llamar) por teléfono desde China.
4. _____ (preguntar) si todo está bien.
5. _____ (decir) que va a llamar mañana otra vez.
6. En la oficina _____ (haber) muchos problemas.
7. _____ (caer) el sistema del ordenador central.
8. Nadie _____ (poder) trabajar.
9. _____ (ser) una verdadera catástrofe.
10. Pero los técnicos finalmente _____ (arreglar) el problema.

8 Ha pasado de todo.

Haga frases en perfecto.
Schreiben Sie Sätze im Perfekt.

1. usted – comer – hoy – en un restaurante
2. Marta – hasta ahora – siempre – viajar en barco
3. yo – esta semana – comprar por Internet
4. José Luis y Anita – nunca – tener problemas
5. nosotros – siempre – ir al trabajo – en bici
6. la secretaria – ya – escribir las cartas
7. los clientes – todavía no – llegar
8. vosotros – este año – ir de vacaciones
9. las chicas – hoy – desayunar en el bar
10. ¿adónde? – vosotros – ir – este fin de semana

9 ¿Ni o ni ... ni?

 1 Combine las frases con *ni* o *ni ... ni*.
Verbinden Sie die Sätze mit *ni* oder *ni ... ni*.

Ejemplo: Marta no come nada. Marta no bebe nada.   Marta no come ni bebe nada.

1. Marta no come nada. Marta no bebe nada.   Marta no come ni ...
2. Hoy Daniel no está en clase. Paula tampoco está.   Hoy no está ni Daniel, ni ...
3. Yo no tengo tiempo. Yo no tengo dinero.
4. Daniel no habla catalán. Daniel no habla inglés.
5. Juan no estudia. Juan no trabaja tampoco.

2 ¿Recuerda estas frases?

1. Hoy pago yo. – De eso ...
2. ¿Han terminado ya? – No, no hemos ...

COMUNICACIÓN

10 Resulta que ...

¿Recuerda estas expresiones? Erinnern Sie sich an diese Ausdrücke? Sonst schauen Sie noch einmal ins Kursbuch.

Usted ...	¿Qué dice?
quiere explicar algo. (etwas erklären)	Resulta que ...
habla por teléfono y no oye bien.	
no ha comprendido lo que ha dicho la otra persona.	
quiere saber si todo va bien.	
anuncia que va a llamar el día siguiente.	

11 Su colega ha estado enfermo.

 Su colega ha estado enfermo durante una semana. Han pasado muchas cosas. Infórmelo de lo que ha pasado. Escriba un e-mail.
Informieren Sie Ihren Kollegen über die Ereignisse in der Firma.
Die Fragen helfen Ihnen.

¿Qué ha pasado en la oficina / en la planta?
¿Qué problema ha habido?
¿Quién ha llamado?
¿Qué ha dicho?
¿Se ha podido solucionar el problema?

12 ¿Y usted? ¿Qué ha hecho?

Escriba una carta a sus padres.

> este fin de semana   hoy   todavía no   hasta ahora   esta mañana   ya

Queridos papás, este fin de semana he estado …

13 Doña Hortensia está furiosa.

Traduzca.

1. Ich habe immer gesagt, dass Computer nicht gut sind.
2. Ich verstehe nicht, wozu man sie gekauft hat.
3. Gerade hat der „Corte Español" angerufen.
4. Herr González hat gesagt, dass die Schokolade nicht ordnungsgemäß angekommen ist.
5. Bis jetzt hat es nie Probleme gegeben, und jetzt ist es schon das zweite Mal in diesem Jahr!
6. Ich habe den Transportunternehmer angerufen und gefragt, was passiert ist.
7. Herr Molina glaubt, dass die Schokolade in der Sonne gewesen ist.
8. Wir haben noch nie so viele Probleme gehabt.

Panel profesional

Problemas con el ordenador	EDV-Probleme
Ha caído el sistema.	Das System ist abgestürzt.
La fábrica ha estado paralizada toda la mañana.	In der Fabrik konnte den ganzen Morgen nicht gearbeitet werden.
Han llamado al servicio técnico.	Man hat den Kundendienst angerufen.
Han mandado a dos especialistas.	Sie haben zwei Fachleute geschickt.
Los técnicos han revisado todo.	Die Techniker haben alles überprüft.
Han encontrado el defecto.	Sie haben den Defekt gefunden.
Hemos solucionado el problema.	Wir haben das Problem gelöst.
Hemos puesto un anuncio en el diario.	Wir haben eine Anzeige in der Zeitung aufgegeben.

Bildquellen

© BananaStock Ltd., S. 65 – © COMSTOCK, Inc. 1998, S. 69 (links) – © COMSTOCK, Inc. 2000, S. 6 (7), S. 13, S. 16 (oben), S. 72, S. 83– Corbis: © Bennett, S. 28 (oben); © Conway, S. 6 (3); © Dannemiller, S. 51 (unten); © Faris, S. 99; © Lewine, S. 19; © Pelaez Inc., S. 6 (4) – © Cornelsen: Corel Library, S. 6 (2), S. 10 (1, 5), S. 14, S. 26, S. 38, S. 59, S. 68, S. 70, S. 80, S. 97 (oben), S. 100 (unten); Laurent Lalo, S. 42; Loncà, S. 7 (5); Nusch, S. 39; Perregaard, S. 10 (6), S. 31; Pleynet, S. 10 (2); Schulz, S. 6 (1); Spahr, S. 29, S. 61 (2, 3, 4, 5, 6, 7, 8), S. 75 – © Deutscher Kaffeeverband, S. 35 – © Hoene, S. 76 – Mauritius: © Botanica, S. 73; © JIRI, S. 74 – Mauritius/age footstock: © Atlantide S.N.C., S. 10 (3); © Coll, S. 17 (unten); © Cristofori, S. 49; © Dallet, S. 36; © Larrea, S. 47, S. 63 (oben); © Martin, S. 6 (5); © Pearce, S. 23 (unten); © Silva, S. 91; © Welsh, S. 48 – © Mauritius/SuperStock, S. 96 – © PhotoDisc, Inc. 2000, S. 6 (6), S. 71 – © picture-alliance/akg-images, S. 55, S. 94 – picture-alliance/dpa: © Fotoreport SEAT S.A., S. 32 (unten); © Genin, S. 64; © Jung, S. 27 (unten); © Kuther, S. 37 (unten); © Lang, S. 23 (oben); © Ossinger, S. 27 (oben); © Pfeiffer, S. 6 (8); © Pilick, S. 93 (unten); © Rüsche, S. 60; © Settnik, S. 50; © Wennström, S. 6 (9) – picture-alliance/dpa/efe: © Velez, S. 86 – picture-alliance/dpa/epa/efe: © Castillo, S. 62; © Abad, S. 90 – picture-alliance/Imaginechina:© Zhou junxiang, S. 100 (oben) – picture-alliance/KPA: © Irek, Roland, S. 44 – picture-alliance/ZB: © Grimm, S. 84 – © Revista Viva, 07.04.2002, S. 37 (Mitte) – © Schapowalow/Comnet, S. 18 – © Spanisches Fremdenverkehrsamt Berlin, S. 9, S.10 (4), S. 12, S. 17 (oben), S. 53, S. 81, S. 93 (oben), S. 95 (unten) – Stockfood: © Brauner. S. 7 (7); © Lehmann, S. 32 (oben) – Superbild: © Ducke, S. 34; © Ducke/Bach, S. 67 – ullstein bild: © Perschke, S. 52; © Schöning, S. 16 (unten) – © White Star: S. 61 (1) – White Star: © Gumm, S. 7 (1, 3), S. 54, S. 89; © Steinert, S. 7 (2, 4, 6)

Textquellen

© Revista Viva, 07.04.2002, S. 37 (Mitte)

Nicht alle Copyrightinhaber konnten ermittelt werden;
deren Urheberrechte werden hiermit vorsorglich und ausdrücklich anerkannt.

Sprachprofi.

Sie suchen eine lehrwerkunabhängige Grammatik?

Hier ist eine, die Ihnen gefallen wird: die **Spanische Grammatik für Schule und Beruf** von Cornelsen. Sie vermittelt in leicht verständlichen Worten alles, was man über die spanische Grammatik wissen muss. Tipps greifen die Schwierigkeiten deutschsprachiger Lerner auf und geben Formulierungshilfen.

Spanische Grammatik für
Schule und Beruf

232 Seiten, kartoniert
ISBN 3-464-20087-6

Die **Spanische Grammatik** unterstützt Sie auch bei der Textproduktion. So beschreibt sie beispielsweise die typischen Merkmale eines Briefes, Resümees oder Kommentars und leitet anschließend mit praktischen Tipps zum Schreiben eigener Texte an. Ausführliche Wort- und Sachregister erleichtern das Nachschlagen von grammatischen Begriffen und Stichwörtern.

Im Buchhandel erhältlich. Weitere Informationen zu unserem Programm gibt es dort oder unter www.cornelsen.de

Cornelsen Verlag
14328 Berlin
www.cornelsen.de

Spanisch im Beruf

Esp@ñol Profesional 1

Arbeitsbuch

Lösungen

Cornelsen

Introducción ¡Bienvenidos!

1 1 1 profesora – 2 pianista – 3 fotógrafo – 4 electricista – 5 taxista – 6 médica – 7 arquitecto – 8 cocinero – 9 camarera

2 1 1 tortilla – 2 agua mineral sin gas – 3 paella – 4 chocolate con churros – 5 café con leche – 6 sangría – 7 tequila

3 6 seis euros – 11 once arquitectos – 3 tres teléfonos – 7 siete camareros – 5 cinco señoras – 9 nueve profesoras – 10 diez amigos – 1 una fábrica – 2 dos problemas – 4 cuatro hoteles – 8 ocho programas – 12 doce números

4 **el:** el euro – el problema – el arquitecto – el teléfono – el amigo – el programa – el camarero
los: los euros – los problemas – los arquitectos – los teléfonos – los amigos – los programas – los camareros
la: la señora – la profesora – la fábrica
las: las señoras – las profesoras – las fábricas

5 las amigas / **los amigos** – unas señoras / **unos señores** – la bioquímica / **el bioquímico** – la directora / **el director** – una taxista / **un taxista** – **una médica** / un médico – **la secretaria** / el secretario – las profesoras / los profesores – **la programadora** / el programador – **unas fotógrafas** / unos fotógrafos

6 1 yo – tú – él – ella – usted
2 1. Ella – 2. yo, usted – 3. Yo – 4. Ella – 5. Ella, él – 6. Yo, tú – 7. él, ella – 8. usted

7 Am Vormittag – **Buenos días**; am Nachmittag – **Buenas tardes**; am Abend – **Buenas noches**; immer – **Hola**

8 Was sagen Sie, wenn Sie …
… sagen möchten, wer Sie sind? – **Yo soy …**
… sagen möchten, woher Sie kommen? – **Soy de …**
… wissen möchten, was etwas bedeutet?
– **¿Qué significa …?**
… wissen möchten, wer jemand ist? – **¿Quién es …?**

9 1. Dos arquitectos
A Buenos días, soy Ana Rosa Amado.
B Buenos días, señora Amado. Yo soy Manuel Ferrara, soy de Sevilla.
A ¡Ah! Yo también soy de Sevilla. Soy arquitecta.
B ¡Y yo soy arquitecto!

2. ¡Qué interesante!
A Hola, yo soy Mercedes, soy la programadora.
B Hola, Mercedes. Yo soy Lola, soy fotógrafa. Soy de Madrid.
A ¡Qué interesante!

Lección 1 Una cita

1 1. una casa – 2. un bar – 3. un restaurante – 4. una plaza – 5. una fábrica – 6. una oficina

2 1 **oficina:** el teléfono – el e-mail – el cliente – el maletín – el mensaje – la carta – el fax
aeropuerto: el vuelo – el número de vuelo – la puerta – la información – la cita – la llegada – la salida

3 1. wer, mein – 2. wie, sehr – 3. wo, in – 4. mit, viele – 5. das, ohne – 6. auch, jetzt

4 yo soy – tú eres – él/ella/usted **es** – nosotros/-as somos – vosotros/-as **sois** – ellos/ellas/ustedes **son**
yo **estoy** – tú **estás** – él/ella/usted **está** – nosotros/-as **estamos** – vosotros/-as estáis – ellos/ellas/ustedes están

5 1. en, con – 2. en, de – 3. de, sin/con – 4. con – 5. con, por – 6. a – 7. por, para – 8. Hasta

6 1 1. es, Soy, soy – 2. son, somos – 3. sois, soy, es – 4. eres, soy, son
2 1. Está, está, está – 2. estoy, estás – 3. estamos, estáis – 4. está, están
3 1. somos, Sois, somos – 2. son, somos – 3. está, está, es – 4. son, Son, están

7 Hasta el centro. – Muchas cucarachas. – ¿Qué paella?
¿Qué tal? Wie geht's?
Bien, gracias. – Bien, también. – Pues, regular. – ¿Cómo están ustedes? – ¿Cómo estás?
¡Adiós! Tschüss!
Hasta ahora. – Hasta pronto. – Hasta luego. – Hasta mañana.

8 1. ¿Quién es? – 2. ¿De dónde es? – 3. ¿Dónde está? – 4. ¿Cómo está? – 5. ¿Qué es esto? – 6. ¿Qué significa?

9 ¡Diga! – ¡Oiga! – ¡Hola! – ¡Oye! – Sí.

10 1. **Está en Italia.**
A Buenas tardes, señora Pérez.
B **Buenas tardes, señora Solana. ¿Cómo está (usted)?**
A Bien, gracias, ¿y usted?
B **Bien, también, gracias.**
A Y Carmen, ¿cómo está?
B **Bien, ella está ahora en Italia.**
A Ah, muchos saludos.
B **Gracias, hasta luego.**

2. **Muchos saludos.**
A ¡Hola, Amalia! ¿Qué tal? / ¿Cómo estás?
B Bien, gracias. ¿Y tú?
A Regular.
B ¿Y cómo está Rodolfo?
A Está bien.
B ¿Dónde está ahora?
A Está en Bilbao. ¿Y dónde está Teresa?
B Teresa está con unos amigos en Mallorca.
A Bueno, ¡hasta mañana!
B ¡Adiós! ¡Y muchos saludos para Rodolfo!

Lección 2 — La llegada de los clientes

1 1. ~~casa~~ – 2. ~~bicicleta~~ – 3. ~~chocolate~~ – 4. ~~perro~~

2 Lösungsvorschlag
Los libros están en el maletín del señor Peyer.
El avión está en la maleta del señor Ochoa.
El barco y los coches también están en la maleta del señor Ochoa.
El caballo y el toro están en el bolso de la señora Fernández.
Las flores están en la mochila de la señora Esteban.
Hay dos regalos en la mochila de la señora Esteban y un regalo en el maletín del señor Peyer.
Las fotos están en el maletín del señor Peyer, y el catálogo también está allí.

3 1 1–e; 2–a; 3–c; 4–f; 5–d; 6–b
2 1–d; 2–f; 3–h; 4–g; 5–b; 6–a; 7–c; 8–e

4 ya – schon; allí – da, dort; hoy – heute; algo – etwas; sí – ja; ahora – jetzt; nada – nichts; no – nein; aquí – hier

5 **Horizontales:** domingo – miércoles – lunes – sábado – viernes
Verticales: jueves – martes

6 1. de la – 2. de los / de las – 3. de la – 4. de los – 5. de – 6. del – 7. de los / de las – 8. de la – 9. de – 10. del

7 1. En, a – 2. de, de – 3. por, por – 4. a, en – 5. a, en – 6. en – 7. por, en, a, con

8 1. qué – 2. de quién, Quién – 3. quiénes – 4. Cómo – 5. De quién – 6. Qué, de quién

9 el – Ø – Ø – Ø – el – la – Ø – Ø

10 Entschuldigung! – ¡Perdón!; Sind Sie Herr ...? – ¿Es usted el señor ...?; Ja, das bin ich. – Sí, soy yo.; Ich heiße ... – Soy / Mi nombre es ...; Sehr erfreut! – ¡Mucho gusto!; Gleichfalls! – ¡Igualmente!

11 Lösungsvorschlag
A Buenos días, ¿cómo está usted? Mi nombre es Marcelo Benasque. ¿Es usted el señor Morales?
B Sí, soy yo, Luis Morales. Ella es Josefina Hurtado.
A Buenos días / Mucho gusto, señora Hurtado. ¿Cómo está usted / están ustedes?
C Bien, gracias. ¿Y usted?
A Bien, también.

12 A Buenos días.
B Buenos días. Mi mochila, por favor. Aquí está el número.
A Gracias. Un momento, por favor. ¿Algo más?
B Sí, los dos bolsos allí, también, por favor.
A ¿Está todo?
B Ah, y el maletín, también, por favor.
A ¿Algo más?
B No, gracias, ya está todo. ¡Adiós! / ¡Hasta luego!
A ¡Un momento, por favor! ¿Y el móvil, aquí?
B ¡Oh, sí, gracias! Es usted muy amable.

Lección 3 — ¿De dónde es usted?

2 **Horizontales:** 1. pueblo – 2. en – 3. izquierda – 4. centro – 5. atrás – 6. bastante – 7. allí
Verticales: 1. entre – 2. polígono – 3. junto – 4. cerca – 5. lado – 6. abajo – 7. derecha
Bilbao es una **ciudad industrial**.

3 **1** 1. cerca, en, enfrente – 2. en, al lado – 3. lejos, detrás, junto – 4. aquí, al lado, a la izquierda – 5. enfrente, a la derecha
2 Perdón – oiga – oye

4 **1** 1. lejos, en, a – 2. a – 3. cerca, muy, unos – 4. cerca, a
2 A cinco kilómetros ist eine genaue, a unos cinco kilómetros dagegen eine ungefähre Angabe.

5 Lösungsvorschlag
Personas: amable – simpático – inteligente
Cosas: cultural – turística – antiguo – nuevo – internacional – histórico – industrial
Personas y cosas: financiero – interesante – bonito – pequeño – atractivo – comercial – blanco – famosa – español – importante – grande – viejo – alemán – moderno

7 1. ¿De dónde? – 2. ¿Cómo? – 3. ¿Dónde? – 4. ¿En qué? – 5. ¿Dónde? – 6. ¿Cómo? – 7. ¿De dónde? – 8. ¿Dónde?

8 1. soy, eres, Soy – 2. está, Está, es – 3. sois, somos, somos – 4. es, está, está, está – 5. son, Son, Están, Son

9 Lösungsvorschlag
¿Cómo es tu nombre? – ¿De dónde eres? – ¿Dónde está La Rioja? – ¿Cómo es? – ¿Está cerca de la costa / del mar? – ¿Estás (también) en el seminario? – ¿En qué hotel estás? – ¿Qué número?

10 1. está abajo – 2. es española – 3. son bastante nuevos/modernos – 4. están cerca – 5. es muy simpática/amable – 6. está delante – 7. es bastante viejo/antiguo – 8. son alemanes – 9. son viejas/antiguas – 10. es pequeño

12 Lösungsvorschlag
A ¿Es usted el gerente?
B No, soy el secretario.
A ¿Quién es el gerente, por favor?
B Es la señora Peralta Ramos.
A Ah, ¿está en la oficina / en el despacho?
B No, hoy no está en la oficina / en el despacho.
A ¡Qué problema! ¿Y mañana?
B Mañana está con unos clientes en Madrid.
A Bueno/Pues, ¡muchos saludos!
B Gracias, hasta luego / adiós.

Lección 4 — ¡En español, por favor!

1 el viaje – el segundo – el idioma – el problema – la suerte – el/la intérprete – la nota – la entrevista – la comunicación – el español

2 **1** español – **España**; holandés – **Países Bajos, Bélgica**; italiano – **Italia, Suiza**; finlandés – **Finlandia**; danés – **Dinamarca**; polaco – **Polonia**; inglés – **Gran Bretaña, Irlanda**; portugués – **Portugal**; griego – **Grecia**; francés – **Francia, Bélgica, Suiza**; noruego – **Noruega**; checo – **República Checa**; sueco – **Suecia**; alemán – **Alemania, Austria, Suiza**; húngaro – **Hungría**
2 En España se habla español, gallego, vasco y catalán. En América se habla español, inglés, portugués, francés, aimará, guaraní, quechua y náhuatl.

3 1-f; 2-i; 3-h; 4-b; 5-a; 6-c; 7-d; 8-j; 9-e; 10-g

4 **1** hablar – comprender – leer – escribir – traducir – aprender

5 Lösungsvorschlag
pero – poco – sólo – todo

6 1. Yo, vosotros, nosotros – 2. usted, ustedes, Nosotros – 3. Ellos, Ella, él – 4. Tú, yo

7 **1** ustedes – usted – ustedes – usted
2 necesitan – es – son – está

8 1. necesitas, necesito – 2. exporta, Exporta – 3. hablan – 4. son, están – 5. lee, escribe – 6. estudian, comprenden – 7. estudian, hablan – 8. escribís, habláis

9 1 Buenos días, señora. Bienvenida a bordo.
2 Buenos días. ¿Dónde está la primera clase?

Lösungen Arbeitsbuch

3 Aquí, a la izquierda, señora. ¿Necesita algo?
4 Sí, mi maletín es muy grande y no sé dónde ...
5 El maletín no es problema. ¿Algo más?
6 No, nada más, gracias.
7 Bueno, ¿Algo para leer? ¿Periódicos?
8 No, no, gracias. Leo mi libro. ¡Es muy interesante!
9 ¿Y algo para tomar? ¿Un café?
10 Eso sí, por favor.

10 Lösungsvorschlag
A ¿Qué idioma(s) se habla(n) en la empresa?
B En la empresa hablamos alemán, pero también hablamos mucho inglés. ¿Y ustedes?
A Nosotros aquí hablamos catalán y español, pero con muchos clientes también hablamos inglés.

B ¿Pero usted también comprende francés, verdad?
A Un poco sí, pero no muy bien. Y ahora, desde abril, estudio alemán.
B Ah, ¿y ya comprende algo?
A No mucho, es muy difícil.

11 Lösungsvorschlag
1 Uno más once, más ocho, más trece son treinta y tres.
Trece más dos, más tres, más quince son treinta y tres.
Quince más cinco, más nueve, más cuatro son treinta y tres.
Cuatro más seis, más diez, más trece son treinta y tres.

2
8	1	6
3	5	7
4	9	2

Lección 5   ¡Adelante, señores!

1 fabricar – fábrica; vender – venta; producir – producción; preguntar – pregunta; regalar – regalo; trabajar – trabajo

2 ahora – adelante – ayer – abajo – arriba – bienvenidos – enhorabuena – también – tampoco – nunca

3 el jefe de ventas – la jefa de producción – las muestras de productos – la tarjeta de visita – el número de teléfono – el recinto de ferias – la planta de producción – el teléfono del jefe / de la jefa

4 2 **horizontales:** agosto – noviembre – octubre (von rechts nach links) – abril – mayo (von rechts nach links) – enero – diciembre – febrero – marzo – julio
verticales: junio (von unten nach oben) – septiembre
3 meses de 28 ó 29 días: febrero – meses de 30 días: abril, junio, septiembre, noviembre – meses de 31 días: enero, marzo, mayo, julio, agosto, octubre, diciembre

5 mi – mi – tus – mis – nuestra – su – sus – vuestros

6 1. mí – 2. vosotros/-as – 3. nosotros/-as – 4. ti – 5. mí – 6. ellos – 7. ella – 8. nosotros/-as – 9. ustedes, nosotras; usted, mí/él

7 1. desde – 2. Desde hace – 3. desde que – 4. Desde hace – 5. desde hace – 6. Desde que

8 Lösungsvorschlag
1. Sí, exactamente. – 2. Sí, cómo no. – 3. Sí, con mucho gusto. – 4. Sí, sí. – 5. Sí, eso es. – 6. Sí, exactamente. –
7. Sí, claro. – 8. Sí, es verdad. – 9. Sí, sí. – 10. Sí, cómo no.

9 1. No, gracias. – 2. No, tampoco. – 3. No, nada. – 4. Para mí no, gracias. – 5. No, nunca. – 6. Nada de nada.

11 Lösungsvorschlag
A Los clientes no hablan español y tampoco inglés. El señor Torres no habla alemán y tampoco francés.
B ¿Y el señor Navarro? ¿Habla inglés?
A No, nada de nada.
B Pero comprende algo de inglés, ¿o (no)? / ¿verdad?
A No, no, nada de nada.
B ¿Habla francés?
A No, francés tampoco, pero habla catalán.
B Y Alicia, ¿qué idioma(s) habla?
A (Habla) cuatro idiomas. Lamentablemente ahora no está.
B ¿Dónde está? ¿En la planta de producción?
A No, allí tampoco está. Está en el aeropuerto con unos clientes.

12 Lösungsvorschlag
1. ¿Qué estudiáis? ¿Desde cuándo estudiáis **español**?
2. ¿Dónde estáis ahora?
3. ¿Dónde vivís? / ¿Desde cuándo estáis allí? / ¿En qué hotel estáis?
4. ¿Cómo es el hotel?
5. ¿Desde cuándo están Vicente y Virginia con vosotros? / ¿Quién está con vosotros?
6. ¿Cómo son vuestros amigos?
7. ¿Desde cuándo viven en Sevilla?

8. ¿Dónde trabajan?
9. ¿Cuándo vais a Granada? / ¿Con quién vais a Granada? / ¿Dónde vais?
10. ¿Cómo vais a Granada? / ¿De quién es el coche?

13 Lösungsvorschlag
A Adelante, por favor. Vamos arriba, a mi oficina.
B ¡Oh, qué vista!
A Es verdad. ¿Desde cuándo están ustedes en Europa?
B Desde hace diez días. Aquí, esto es para usted.
A Gracias. ¡Oh, café! El café de Colombia es famoso.
B Sí, y exportamos a todo el mundo.
A ¿También exportan a Alemania?
B Claro, pero no mucho. Necesitamos nuevos socios.

Lección 6 — Estamos muy satisfechos

1 producción – **producir**; venta – **vender**; exportación – **exportar**; pregunta – **preguntar**; importación – **importar**; compra – **comprar**; entrada – **entrar**

2 1. el ruido – 2. tonelada – 3. beber – 4. por favor – 5. nadie

3 1–c; 2–e; 3–b; 4–a; 5–d

4 **la fábrica:** el almacén – las máquinas – el ruido – el olor – los productos – el depósito
el trabajo: las horas de trabajo – por mes – el fin de semana libre – los turnos – por día – los obreros especializados

5 Una tonelada de maíz cuesta trescientos cincuenta euros. – Una tonelada de café cuesta setecientos ochenta y cinco euros. – Una tonelada de cacao cuesta novecientos noventa y nueve euros. – Una tonelada de azúcar cuesta ciento cuarenta y ocho euros. – Una tonelada de girasol cuesta doscientos dos euros. – Una tonelada de soja cuesta quinientos cincuenta y cinco euros. – Una tonelada de leche cuesta cuatrocientos cincuenta y siete euros.

6 3 – 4 – 2 – 5 – 6 – 1

7 1. habla, hablan, hablan – 2. importa, importa – 3. exportan, exportan

8 1. para, para, para, para – 2. Por, por, por, Para – 3. para, para, para, para, por – 4. para, por

9 1. muy, Muy – 2. Mucho, Mucha – 3. muy, mucho – 4. muy, muchos – 5. muy, mucho – 6. muchas, muy – 7. muchos, muchas – 8. mucha, muchos

10 1. muchísimo – 2. buenísimos – 3. viejísimas – 4. modernísimos – 5. importantísima – 6. poquísimo – 7. buenísima – 8. simpatiquísimos

11 gato – gatito; perros – perritos; casa – casita; niñas – niñitas; hora – horita; poco – poquito; momento – momentito; pregunta – preguntita

12 ¿Qué es eso/esto? – ¿Qué significa …? – Heißt „planta de producción" auf Deutsch Produktionsanlage? – ¿Cuántas horas trabaja la gente aquí? – Wie schreibt man „México", mit Jott? – ¿Podría hablar más alto, por favor? – Könnten Sie bitte wiederholen?

13 2/3 Lösungsvorschlag
A Hola, buenas tardes, Dora, ¿de dónde es usted?
B Hola, yo soy de Zaragoza.
A ¿Dónde trabaja?
B Trabajo en una librería-anticuario en Madrid.
A ¿Cuántos libros vende la empresa por mes?
B Vende más de 500 libros por mes: nuevos y antiguos.
A ¿Trabaja sola? / ¿Cuánta gente trabaja en la librería?
B Trabajo con otras cinco personas.
A ¿Cuestan mucho los libros?
B Sí, los libros antiguos cuestan muchísimo.
A ¿Cuántas horas trabaja?
B Trabajo de lunes a viernes, cinco horas por la mañana y tres por la tarde.
A Y, ¿cuánto gana usted?
B No gano mucho, pero estoy satisfecha.
A ¿Por qué está satisfecha con su trabajo?
B Porque el trabajo es muy interesante y los colegas son muy buenos.

14 Lösungsvorschlag
Laura es estudiante, pero los lunes y los martes trabaja en una empresa porque necesita dinero. Para ella es muy interesante: por la mañana trabaja en la producción y por la tarde, en una oficina. El miércoles es su día libre, pero trabaja todo el día en casa, en el ordenador. Los jueves y los viernes estudia. Estudia Informática en la Universidad de Barcelona. Los lunes, los miércoles y los viernes por la tarde/noche, Laura y su amigo/novio estudian inglés.

Lección 7 ¿Hay algo de nuevo?

2 1. subsuelo – 2. revista – 3. mesa – 4. vacaciones – 5. huelga – 6. administración – 7. periódicos – 8. seminario – 9. camarero – 10. sorpresa – 11. nuevo – 12. frío – 13. extranjero – 14. vendedores – 15. lleno – 16. números – 17. conocidos – 18. piso – 19. acceso – 20. desayuno
Solución: Marta está en la **sala de conferencias**.

3 1 frío – grande – amable – viejo – moderna – nerviosa – bonita – pequeño

4 1. hay, Es – 2. Hay, Son – 3. son, son, son – 4. hay, Son – 5. hay, son – 6. hay, es – 7. Hay, Son – 8. es, hay

5 estás – estoy – estás – hay – está – está – hay – hay – Está – hay – está – Está – están – Están

6 1–c; 2–d; 3–b; 4–a; 5–f; 6–h; 7–e; 8–g

7 1. noveno, séptimo – 2. sexto, segundo, tercero, tercer – 3. quinto, primera – 4. décimo – 5. primera, cuarta

8 So eine Überraschung! – ¡Qué sorpresa!; So ein Zufall! – ¡Qué casualidad!; Wie schön! – ¡Qué bien!; Wie interessant! – ¡Qué interesante!; Welch ein Glück! – ¡Qué suerte!; Zum Glück! – ¡Por suerte!; Wie schade! – ¡Qué lástima!; So ein Pech! – ¡Qué mala suerte!; Ach was! – ¡Qué va!; Mensch! – ¡Hombre!

9 **Lösungsvorschlag**
1. ¡qué suerte! – 2. ¡qué casualidad! – 3. ¡Qué lástima! – 4. ¡Qué interesante! – 5. ¡Qué mala suerte! – 6. ¡Qué va! / ¡Hombre! – 7. ¡Qué bien! – 8. ¡Qué va! – 9. ¡Hombre!, por suerte

10 A ¿Todavía hay mesas libres?
B Sí, allí al fondo todavía hay una mesa libre.
A Bien, ¿qué tomas tú?
B Un café con leche, ¿y tú?
A Una cerveza y algo para comer. ¿Aquí hay tapas?
B No, pero hay bocadillos.
A Pues tomo un bocadillo de atún. Y tú, ¿comes algo también?
B Sí, una magdalena.
A ¡Camarero, por favor!

Lección 8 ¿Qué tal el día?

1 1. Morgen, am Vormittag – 2. allein, nur – 3. spät, nachmittags – 4. nehmen, trinken – 5. U-Bahn, Meter – 6. wohnen, leben

2 **tiempo:** enseguida – todavía – ahora – ya – después – (tarde)
día: ayer – mañana – hoy – tarde

3 1. piso, habitación – 2. ascensor, bajar – 3. feria, público – 4. enfermo, cansado – 5. Comemos, tomamos – 6. cañas, picar

4 las muestras de productos – los expositores – los productos – los prospectos – el público – los catálogos – el maletín

5 1 1–d; 2–g; 3–f; 4–e; 5–a; 6–c; 7–b

6 1. están, son – 2. Están, Es – 3. Son, está – 4. es, es – 5. es, está – 6. está, es, es – 7. es, está – 8. están, están

7 1. hay, Es – 2. Son, están, Es – 3. Están, Hay – 4. están, hay – 5. hay, hay – 6. hay, es – 7. hay, es

8 **Lösungsvorschlag**
1. Flores es un pueblo.
2. Está cerca de Barcelona.
3. En Flores hay muchas fábricas.
4. Están en el polígono industrial.
5. El polígono (industrial) no es muy grande, pero es muy moderno.
6. Allí hay una torre de agua.
7. La torre de agua es el símbolo de Flores.
8. Delante de la torre de agua hay una fábrica.
9. Es una fábrica de chocolate – la fábrica Torres.
10. Delante de la fábrica hay un aparcamiento grande.
11. Allí hay muchos coches.
12. Son los coches de los obreros.

9 1. De dónde, Cómo, Cuánto – 2. En qué, Cuántas, Dónde – 3. En qué, Quién, Con quién – 4. Dónde, Cuántas, Cuánto

10 Lösungsvorschlag
A ¿Tomas otro café?
B No, tomo un zumo.
A ¿Es zumo de naranja?
B No, es zumo de melocotón, pero (zumo) de naranja también hay.
A Sí, pero, ¿dónde están los zumos?
B Al lado del café.
A ¿Hay té?
B Sí, claro, está en el samovar.
A ¿Y dónde está el samovar?
B Allí al fondo.
A ¿No hay magdalenas?
B No, sólo hay panecillos y croasanes.
A ¡Qué lástima!
B Sí, es verdad, pero hay mucha fruta.

Lección 9 — Al día siguiente

1 habitación – nombre – factura – servicios – plaza – hotel

2 total – precio – incluido – Impuesto – tarjetas – cerrado
Solución: cajero automático

3 1. ~~incluido~~ – 2. ~~por supuesto~~ – 3. ~~juntos~~ – 4. ~~la factura del hotel~~ – 5. ~~la fecha~~

4 1 gastos – atascos – cerrados – bancos – incluidos – impuestos
2 servicio de desayuno – prohibido aparcar – hasta la próxima – gracias por su visita

5 1. Agustín, Graciela, argentinos – 2. tango – 3. Trabajan juntos, ganan – 4. jueves, Granada – 5. gente, enseguida

6 ser: soy – eres – es – somos – sois – son
ir: voy – vas – va – vamos – vais – van
leer: leo – lees – lee – leemos – leéis – leen
escribir: escribo – escribes – escribe – escribimos – escribís – escriben
saber: sé – sabes – sabe – sabemos – sabéis – saben
poder: puedo – puedes – puede – podemos – podéis – pueden
volver: vuelvo – vuelves – vuelve – volvemos – volvéis – vuelven

7 1. vamos – a – vais – Vamos en – voy a – vas – Vamos en
2. cuesta – podemos – podemos – volvemos

8 con – con – con ellas – con – con – con él – contigo – Conmigo – contigo

9 1 El móvil es mío. – el mío
Los libros son tuyos. – los tuyos
El coche es vuestro. – el vuestro
Las oficinas son nuestras. – las nuestras
Los padres son suyos. – los suyos
Los problemas son míos. – los míos
Las gafas son tuyas. – las tuyas
La bicicleta es suya. – la suya
El paraguas es tuyo. – el tuyo

10 Lösungsvorschlag
1. ¿Puede preparar mi factura?
2. ¿Quién paga el hotel / la factura?
3. ¿Está todo incluido?
4. ¿Está permitido aparcar?
5. No está permitido. / Está prohibido.
6. ¿Se puede ir a pie?
7. ¿Por qué no toma un taxi?
8. Podemos ir a Toledo.
9. Podemos/Puede tomar el tren.
10. Mejor vamos a Madrid.

11 ¿Se puede ir en coche? – cliente
Está prohibido aparcar. – empleado
¿Por qué no toma el metro? – empleado
Hay muchos atascos. – empleado
Adiós, hasta pronto. – los dos
Gracias por su visita. – el empleado
Adiós, y buen viaje. – el empleado
Adiós, hasta la próxima. – los dos

12 Lösungsvorschlag
A ¿Cuánto cuesta un taxi al Hospital Central?
B ¿Desde aquí? No sé, unos 20 euros.
A ¡Dios mío!, ¿tanto?
B También puede ir en metro.
A ¡Qué suerte! ¿Y dónde puedo tomar el metro?
B Aquí a la izquierda, a unos 200 metros.
A ¡Muchas gracias!
B ¡De nada!

13 1 Der Ausdruck „el huevo de Colón – das Ei des Kolumbus" bezieht sich ursprünglich auf eine Anekdote aus dem Leben des Seefahrers und wird heute verwendet, um sich auf eine besonders originelle Lösung eines Problems zu beziehen.
2 dura – rica – lejos – genial – largo – llenos – nuevos

3 Lösungsvorschlag
1. En la Edad Media, la vida no es nada fácil, es muy dura.
2. Los europeos necesitan condimentos. / Los europeos buscan condimentos en la India.
3. "El huevo de Colón" es una idea genial.
4. Colón va a la India en barco. / Colón va en barco para buscar el camino a la India.
5. Colón vuelve con los barcos llenos de productos, pero sin condimentos.
6. Colón no encuentra la India. / La India no está en el Caribe, pero hay unas islas con el nombre Las Indias Occidentales.

4 Son de América, entre otras cosas: el cacao, las patatas, los tomates, el maíz, los cacahuetes / el maní (Erdnüsse), los pimientos y los chilis (Paprika- und Chilischoten), calabazas/zapallos, calabacines (Kürbisse aller Art), el tabaco (Tabak) y muchos otros frutos, como los mangos o los aguacates (Avocados), pero también el caucho (Kautschuk), el sisal y el yute.

Lección 10 — Productos estupendos

1 el informe – los prospectos – el orden del día – la presentación – las muestras – los catálogos

2 la explicación – **explicar**; el informe – **informar**; la discusión – **discutir**; el comentario – **comentar**; el estudio – **estudiar**; la comparación – **comparar**; **el análisis** – analizar; la llegada – **llegar**

3 tamaño: pequeño – grande
color: blanco – rojo – negro – celeste
calidad: bueno – rico – estupendo
precio: barato – caro
diseño: bonito – exótico – original – moderno – antiguo – interesante

4 malo ≠ bueno – barato ≠ caro – innovador ≠ tradicional – comprar ≠ vender – primero ≠ último – abrir ≠ cerrar – interesante ≠ aburrido – siempre ≠ nunca

5 la sala de conferencias – el orden del día – la reunión de personal – la reunión de trabajo – la comparación de productos – las muestras de productos – la presentación del producto – las novedades del ramo – el análisis de mercado – la denominación de origen – la denominación del producto – la situación del mercado

6 Horizontal: azul – verde – crema – ocre – negro – lila – blanco
Vertical: rosa – gris – marrón – rojo – amarillo – naranja

7 1 la empresa (inter)nacional – un diseño muy original – el problema actual – el espacio virtual – una idea estupenda
2 las empresas (inter)nacionales – unos diseños muy originales – los problemas actuales – los espacios virtuales – unas ideas estupendas
3 Lösungsvorschlag
Las empresas españolas están en una situación difícil.
La calidad suiza es famosa en todo el mundo.
Don Rogelio compra azúcar cubano.
Las fábricas alemanas son muy modernas.
Los productos italianos son estupendos.
El café mexicano es muy rico.

8 1. Acabo de llegar de Madrid.
2. ¿Un café? – No gracias, acabo de tomar uno en el hotel.
3. Creo que los caramelos todavía están en la maleta.
– Yo creo que no. – Yo creo que sí.
4. Creo que la conferencia acaba a las ocho de la tarde / 20:00.

9 1. marrón, blanco, negro – 2. rojas, amarillos, naranjas – 3. rosa, violeta – 4. azul, blanca, verdes

10 Esta presentación es bonita. – Esa presentación es más bonita. – Aquella presentación es la más bonita.
Este mazapán es rico. – Ese mazapán es más rico. – Aquel mazapán es el más rico.
Estas golosinas son baratas. – Esas golosinas son más baratas. – Aquellas golosinas son las más baratas.
Estos caramelos son modernos. – Esos caramelos son más modernos. – Aquellos caramelos son los más modernos.

11 Sie sind sehr lecker. – Son muy ricos.; Sie sind ziemlich gut. – Son bastante buenos.; Schlecht sind sie nicht. – Malos no son.; Sie sind überhaupt nicht billig. – No son nada baratos.; Sie sind viel billiger. – Son mucho más baratos.; Sie sind noch viel billiger. – Son (mucho) más baratos todavía.

12 1 yo **hago** – tú **haces** – él/ella/usted **hace** – nosotros/-as hacemos – vosotros/-as hacéis – ellos/ellas/Uds. hacen

2 1. hace – 2. haces, hago – 3. hacéis, hacemos – 4. hacen – 5. hace, hacen

13 Gewissheit: Ya sé. – Sin duda.
Ungewissheit: No sé bien. – No sé. – Creo que … – No estoy seguro/-a.
Vermutung: Creo que … – Creo que es italiano. – Creo que sí. – Creo que no.
Erstaunen: ¡Esa sí que es una novedad! – ¡Qué raro!
Einräumung: Si es así … – Si desean eso …

14 1. Sí, pero la fábrica Torres es (mucho) más moderna todavía.
2. Sí, pero no son muy baratos. / Sí, es verdad, pero no son nada baratos.
3. Sí, es verdad, pero los suizos son más ricos.
4. Sí, son riquísimos/superricos, pero ésos/aquéllos son (mucho) más ricos todavía.
5. Sí, pero la campaña de la empresa Prado es estupenda/genial.
6. No, no es nada interesante, el periódico de Madrid es mucho más interesante.

Lección 11   No es nada grave

1 1 jamón serrano – 2 queso manchego – 3 aceitunas – 4 tortilla – 5 gambas – 6 calamares – 7 champiñones – 8 chorizo

2 1–c; 2–h; 3–g; 4–a; 5–i; 6–b; 7–d; 8–e; 9–f

3 1–c; 2–e; 3–d; 4–g; 5–a; 6–h; 7–f; 8–b

4 **tener:** tiempo – ganas – hambre – mucha sed – una cita con … – prisa – que hacer una llamada
tomar: una copa – aire fresco – algo caliente – una ración de … – una cerveza bien fría – unas tapas

5 **ser:** un problema – nada grave – un buen deportista – un detalle
estar: de acuerdo – tranquilo – preocupado – cansado – entusiasmado

6 acabar – aceptar – comparar – comprender – conocer – conversar – desear – escuchar – funcionar – informar – invitar – preferir – preparar

7 1. bien, buen – 2. buen, buen – 3. bien, buen – 4. bien, bien

8
unos buenos amigos	unos malos amigos
una buena tendencia	una mala tendencia
un buen producto	un mal producto
unas buenas muestras	unas malas muestras
un buen mercado	un mal mercado
un buen precio	un mal precio
unos buenos regalos	unos malos regalos
un buen hotel	un mal hotel

9 1. gran, grandes – 2. gran – 3. gran, grandes – 4. grande, gran

10 Lösungsvorschlag
Este queso es caro. – Ése es más caro. – Aquél no es tan caro.
Esta cerveza es buena. – Ésa es mejor. – Aquélla es la mejor.
Estas aceitunas son pequeñas. – Ésas son más pequeñas. – Aquéllas son las más pequeñas.
Este chorizo es malo. – Ése no es tan malo. – Aquél es el peor.
Este atún no es muy fresco. – Ése es más fresco. – Aquél es el más fresco.

11 quieres – tienes – prefiero – queréis – quiero – prefiero – quieres – quiero – tienes – Tengo – tienes – Quieres – prefiero – tengo

12 Sie sind beunruhigt, nicht wahr? – Usted está preocupado, ¿no?; Warum? Was ist los? – ¿Por qué? ¿Qué pasa?; Es ist nicht schlimm. – No es nada grave.; Haben Sie Lust …? – ¿Tiene ganas de …?; So früh schon hier? – ¿Tan temprano aquí?; Und Sie? Was machen Sie? – ¿Y usted, qué hace?; Sie kennen doch Herrn López, oder? – Usted conoce al señor López, ¿no?; Welchen López? Den von SEAT? – ¿Qué López? ¿El de la SEAT?; Nein, den anderen! – No, el otro.; Sind das nicht Brüder? – ¿No son hermanos?; Sollen wir ins Büro gehen? – ¿Vamos a la oficina?

13 Lösungsvorschlag
Yo estoy bien, ¿y tú?
Sí, claro, vamos al bar Grandilocuente.
No sé, ¿por qué no vamos al cine? / Podemos ir al cine.
Bueno, por ejemplo "Los otros" de Amenábar.
Pues, no sé, estoy muy cansado/-a.
Es que tengo un examen mañana y tengo que estudiar mucho.
¿Qué tal a las ocho?

Lección 12 Marca registrada

1 1-c, el hombre de acción; 2-e, el proceso de producción; 3-f, el control de calidad; 4-a, la gama de productos; 5-b, la cámara de comercio; 6-g, el líder del mercado; 7-d, los proveedores de las materias primas

2 la marca registrada – la razón social – la producción automática – la calidad superior – los aromas sintéticos – el sector primario

3 **productos elaborados:** bombones – chocolate con leche – chocolatinas – chocolate para diabéticos
otros productos: manteca de cacao – base de chocolate – residuos de cacao – granulado de chocolate – cacao en polvo

4 1. del – 2. a – 3. en, de – 4. para – 5. de, de – 6. para, con, con, de

5 1 ¿Vosotros conocéis el museo del Prado? – ¿Ella conoce a Picasso? – ¿Él conoce al señor Torres? – ¿Conoces la nueva galería? – ¿Conoce usted la calle Solana? – ¿Conocen ustedes la fábrica de chocolate? – ¿Conocéis a mi nuevo novio?

2 Lösungsvorschlag
¿El museo del Prado? – No, no lo conocemos.
¿A Picasso? – No, no lo conoce.
¿Al señor Torres? – Sí, claro, lo conoce.
¿La nueva galería? – No, no la conozco.
¿La calle Solana? – Sí, sí la conoce.
¿La fábrica de chocolate? – No, no la conocen.
¿Tu nuevo novio? – No, no lo conocemos.

6 1. La, Lo – 2. la, Lo – 3. Las, las – 4. Lo, lo, los – 5. las – 6. las, las, lo – 7. lo, Lo, lo

7 1. Igualmente, directo, directamente – 2. iguales, automática, Totalmente, completamente listos – 3. Actualmente, actual, constantemente preocupada – 4. Normalmente, naturalmente

8 1 1. Se busca – 2. Se compran – 3. Se vende – 4. No se puede – 5. Se venden – 6. Se compran
2 1. se hablan, se habla – 2. se hace, se necesitan – 3. se comen, se toma – 4. se pueden – 5. se exportan

9 Lösungsvorschlag
A Hipermercado Gigante, ¡Buenos días!
B Hola, buenos días. Necesito/Quiero patatas, por favor.
A ¿Cuántas necesita?
B Unos diez kilos, por favor.
A ¿De cuáles quiere?
B De las valencianas. ¿Cuánto cuestan por kilo?
A Cuestan dos euros cuarenta el kilo.
B Está bien, entonces tomo doce kilos.
A ¿Algo más?
B Sí, ocho kilos de naranjas, por favor.
A ¿Eso es todo por hoy?
B No, necesito también algo de jamón.
A ¿Cuál quiere?
B Un kilo y medio de jamón York, por favor.
A ¿Nada más?
B No, ya está todo. ¿Cuánto es en total?
A Son 58,70 € en total.
B ¿Lo puede preparar enseguida, por favor?
A Sí, lo preparamos enseguida.
B Gracias, hasta la próxima.

Lección 13 — La plantilla de personal

1 1. propietario – 2. departamento – 3. investigación – 4. aprendiz – 5. financiero – 6. marketing – 7. encargado – 8. recursos – 9. administrativo – 10. comercial – 11. responsable – **Solución: organigrama**

2 empleados – funciones – responsabilidades – informaciones – transparencia – estudiante

3 1 1–b; 2–d; 3–a; 4–c; 5–f; 6–e
2 1–d; 2–c; 3–a; 4–e; 5–f; 6–b

5 1 agradable – simpática – creativa – elegante – arrogante – joven – inteligente – alegre – abierta – dinámica

6 Lösungsvorschlag
El hombre es gordo y moreno, con el pelo corto. Tiene barba y bigote negros. Tiene gafas de sol negras. La mujer es delgada, rubia y con el pelo muy largo. Los dos son bastante jóvenes.

7 1 1–e; 2–f; 3–b; 4–c; 5–d; 6–a
2 1–e; 2–d; 3–f; 4–b; 5–a; 6–c

8 Lösungsvorschlag
1. ¡Uf!, traigo muy malas noticias. – 2. Vengo mañana. – 3. Sólo traigo tres botellas de vino. – 4. No, no tengo nada, estoy bastante cansado. – 5. No hago nada. Estoy de vacaciones. – 6. Pongo sólo la electrónica. – 7. Normalmente salgo a las nueve de la noche. – 8. Pues supongo que paga la empresa. – 9. Sí, claro, pero no tengo coche. – 10. Vengo en bicicleta.

9 1. mucho, muy, muy, muy, mucho, muy – 2. mucho, muchos, muy, muchos, muy, muy, muchos, muy – 3. Muchas, muy, muchos, muy, mucha

10 1. Cuando – 2. Si – 3. Cuando – 4. Si – 5. Cuando – 6. Cuando – 7. Si – 8. si

11 1. durante, durante, mientras, mientras – 2. durante, mientras, mientras, durante – 3. Mientras, durante – 4. mientras

12 Lösungsvorschlag
1. ¿De quién es la empresa? ¿Qué hace el señor Torres? ¿Está casado? – 2. ¿Qué función tiene la señora Ruiz Sabater? ¿Por qué tiene estrés? – 3. Quién es la jefa en la oficina? ¿Cuántos años tiene? ¿Hace horas extra? – 4. ¿Quién es el gran "innovador" de la empresa? ¿De qué departamento es el director? – 5. ¿Quién es Carmen? ¿Qué idiomas sabe? – 6. ¿Qué hace Ana María? – 7. ¿Quién es Felipe? ¿Es muy trabajador? – 8. ¿De qué es responsable Pablo?

13 Creo que sí, pero no lo sé exactamente.
Sí, supongo que es un suministrador de la SEAT.
(Pues) No, no lo sé.
Creo que sí.
Yo creo que Lolocar hace otros productos.
Claro, pienso que la situación es difícil para todos.
No lo sé, supongo/pienso que sí.
Creo que el bar ya está cerrado.

Lección 14 — Planes y proyectos

1 1 1 la primavera – 2 el verano – 3 el otoño – 4 el invierno
2 1. Va a la playa en enero o febrero.
2. Va a esquiar en junio, julio o agosto.
3. Hay muchas flores en septiembre.
4. El vino se hace en marzo.

2 1. torre – 2. último minuto – 3. viaje – 4. gallinas – 5. pensar

3 entrar ≠ salir – abrir ≠ cerrar – planes = proyectos – acabar = terminar – buen tiempo ≠ mal tiempo – ir ≠ volver; historia = leyenda – terminar ≠ empezar – querer = desear – a lo mejor = quizás

4 1 a: viajar – ir – llegar – entrar
en: viajar – ir – recorrer
de: viajar – salir – llegar – venir – volver
por: viajar – ir – pasar
sin preposición: viajar – salir – ir – pasar – llegar – recorrer – entrar – venir – volver
3 Die Präposition a wird bei den Verben ver und conocer (und anderen) verwendet, wenn das Objekt eine Person ist.

5 1–j; 2–g; 3–e; 4–a; 5–d; 6–c; 7–f; 8–b; 9–h; 10–i

6 la terraza de la empresa – la leyenda romántica

7 1. Voy a comprar un coche. – 2. Van a leer el periódico. – 3. ¿Vais a tomar un café? – 4. Vamos a ir al hotel. – 5. ¿Vas a visitar a José? – 6. Luisa va a ir a esquiar. – 7. Mañana voy a tener libre. – 8. Voy a tener que informar el jefe.

8 1. está por – 2. Piensa – 3. Quiere – 4. piensan – 5. Quieren – 6. Van a, van a / quieren / piensan

10 1. Lo interesante – 2. lo que – 3. lo más divertido – 4. lo antes posible – 5. lo más importante – 6. lo – 7. lo más importante – 8. lo mejor / lo interesante

11 Lösungsvorschlag
1. La casita les gusta mucho porque tiene muchas flores. – La casita les gusta mucho ya que tiene muchas flores. – Como tiene muchas flores, les gusta mucho. – Tiene muchas flores. Por eso les gusta mucho.
2. Como la casita es muy cara, no pueden alquilarla. – La casita es muy cara. Por eso no pueden alquilarla.
3. El vuelo es barato ya que es un vuelo de último minuto. – El vuelo es barato porque es un vuelo de último minuto.
4. Ana y su novio ya conocen el Sur. Por eso ahora van al Norte. – Como ya conocen el Sur, ahora van al Norte.

12 1. ¿Cuántas (semanas de) vacaciones tienes este año?
2. ¿Adónde vas a ir de vacaciones?
3. ¿Por qué vas a ir en primavera?
4. ¿Vas a ir solo/-a o con tu familia?
5. ¿A los niños les gusta (ir a la playa)?
6. ¿Dónde vais a dormir?
7. ¿Qué vais a hacer?
8. ¿Cómo vais a ir? / ¿Desde dónde vais a ir? / ¿Dónde vais a tomar el avión?

Lección 15 — Citas y fechas

1 1 1-a; 2-f; 3-i; 4-d; 5-c; 6-h; 7-b; 8-g; 9-e

2 1. primavera – **verano** – otoño – **invierno**
2. a principios de mes – a mediados de mes – **a fines de mes**
3. a primera hora – **por la mañana** – al mediodía – por la tarde – **a última hora**
4. **desayunar** – **almorzar/comer** – cenar

3 1. casa de locos – 2. Es muy urgente. – 3. Acaba de salir.

4 cada vez – jedes Mal; a la vez – gleichzeitig; cien veces – hundertmal; pocas veces – selten; la primera vez – das erste Mal; dos veces al año – zweimal im Jahr; otra vez – noch einmal; una vez – einmal; a veces – manchmal; muchas veces – oft; la última vez – das letzte Mal; tres veces por semana – dreimal pro Woche

5 lo antes posible = cuánto antes
una ventaja ≠ una desventaja
más temprano ≠ más tarde
volver a llamar = llamar de nuevo
fijar una fecha ≠ cancelar una cita
cada vez ≠ otra vez
concretar la fecha ≠ aplazar la cita
el mismo número ≠ otro número
tan pronto no = mejor más tarde

6 1 la fecha – das Datum; el dato – die Information, die Angabe; el día festivo – der Feiertag; el puente – freier Tag zwischen zwei Feiertagen; más tarde – später/spätestens
2 más tarde – fecha – día festivo – puente – datos

7 1 decir: digo – dices – dice – decimos – decís – dicen
pedir: pido – pides – pide – pedimos – pedís – piden
repetir: repito – repites – repite – repetimos – repetís – repiten
seguir: sigo – sigues – sigue – seguimos – seguís – siguen
conseguir: consigo – consigues – consigue – conseguimos – conseguís – consiguen
2 1. sigue, seguimos, conseguís – 2. repetir – 3. Pido, pedimos

8 Lösungsvorschlag
1 Alicia desayuna a las siete y cuarto/veinte.
2 Espera el metro a las ocho menos cuarto.
3 Empieza a trabajar a las ocho y media. / Está en la oficina a las ocho y media.
4 Hace una pausa / Toma un café a las diez y diez.
5 Llama/Habla por teléfono a las doce menos diez.
6 Come con Carmen a las dos. / Alicia y Carmen almuerzan a las dos.
7 Habla con don Rogelio a las tres y cuarto.

8 A las cinco menos veinte/cuarto habla con los clientes alemanes.
9 A las siete y media (de la tarde) vuelve a casa.
10 Su novio la busca a las nueve (en punto).
11 A las once bailan en una discoteca.
12 Vuelve a casa a la una y media (de la noche).

9 1. Deben de estar en un atasco. – 2. Debe de ser de Carmen. – 3. Deben de estar en el hotel. – 4. Deben de estar enfermas. – 5. Debe de costar más de 20 €.

10 ¡Qué lástima! – Lo siento – lamentablemente – ¡qué mala suerte! – ¡Qué lástima! / ¡Qué mala suerte!

13 1–e; 2–d; 3–c; 4–a; 5–b; 6–h; 7–g; 8–f

Lección 16 — Cambio de programa

1 1. guitarra – 2. ángel – 3. programa – 4. guardería – 5. bodega – 6. horario – 7. pareja – 8. invitación – 9. sala – 10. molestia – 11. beso – 12. canguro – 13. contestador – 14. flexibilidad
Solución: inmediatamente

2 negociar – las negociaciones; invitar – una invitación; leer – los lectores; saludar – muchos saludos; contestar – el contestador automático; comer – la comida, molestar – la molestia; estudiar – el estudio; opinar – la opinión

3 jugar al fútbol – tocar a la guitarra – lavar las manos – pasar por el hotel – jugar a las cartas – jugar al tenis

4 por mí – von mir aus; por aquí – hier entlang; por eso – darum; por suerte – zum Glück; por semana – pro Woche; por el momento – erstmal; por supuesto – selbstverständlich; ¿por qué? – warum

5 siempre – **casi siempre** – **normalmente** – **a veces** – **casi nunca** – nunca

6 arreglarse, alegrarse – llamarse, lavarse

7 **alegrarse:** me alegro – **te alegras** – **se alegra** – **nos alegramos** – **os alegráis** – **se alegran**
ducharse: me ducho – te duchas – **se ducha** – **nos duchamos** – **os ducháis** – **se duchan**
llamarse: me llamo – **te llamas** – **se llama** – **nos llamamos** – **os llamáis** – **se llaman**
quedarse: me quedo – **te quedas** – **se queda** – nos quedamos – **os quedáis** – **se quedan**
sentarse: me siento – **te sientas** – **se sienta** – **nos sentamos** – os sentáis – **se sientan**
sentirse: me siento – **te sientes** – **se siente** – **nos sentimos** – os sentís – se sienten

8 1. se enfada – 2. Me alegro – 3. me siento – 4. se ocupa – 5. lavarme – 6. arreglarnos – 7. daros – 8. se trata – 9. se llaman – 10. sentarse

9 Lösungsvorschlag
1 Lito juega muy bien al golf.
Don Rogelio toca el saxofón.
Isabel y Belén tocan el piano.
Marcela juega muy bien al tenis.
Ana María quiere tocar la guitarra.
Lito juega cada fin de semana al fútbol.
A Ana María le gusta jugar a las cartas.

10 1. por, Para – 2. Para, Para, Para, para – 3. para, por – 4. para, para – 5. Por, por

11 1 ¡Qué lástima! – ¡Lo siento! – Lamentablemente … – ¡Qué mala suerte!

2 Sie sich freuen, jemanden kennenzulernen. – Me alegro mucho de conocerlo/la.
eine Veränderung eingetreten ist. – Hay un cambio de programa.
etwas auf morgen verschoben wird. – Dejamos esto para mañana. / Lo dejamos para mañana.
Sie kurz am Hotel vorbei fahren müssen. – Tenemos que pasar por el hotel.
etwas für Sie keine Mühe, sondern, im Gegenteil, ein Vergnügen ist. – No es molestia, al contrario, me alegro.
Sie sich ein wenig zurecht machen möchten. – Me quiero arreglar un poco. / ¿Puedo arreglarme un poco?
Sie fertig sind und man Ihretwegen losfahren kann. – Yo ya estoy (listo/-a). Por mí podemos irnos.
Sie ein Mitbringsel für Ihre/n Gesprächspartner/in haben. – Aquí tengo algo para usted.

Lección 17 — Nos mantenemos en contacto

1 1/2 la botella – las patatas – la ensalada – la paella – los calamares – el vino – el pollo – la fruta – la copa

2 1. el fuego – 2. el disco duro – 3. la botella – 4. Hace mal tiempo.

3 1. 1–c; 2–d; 3–b; 4–e; 5–a
2. 1–e; 2–d; 3–b; 4–c; 5.a

4 mantenerse – irse – quedarse – verse – encontrarse – referirse – ocuparse – tratarse – sentarse – sentirse – enfadarse – llamarse

5 1. flamenco – 2. cuadro – 3. talento – 4. comedor – 5. pintora – 6. casco – 7. visita – 8. contrato – 9. conversación – 10. éxito – 11. casa
Solución: condiciones

6 1. sabe – 2. puede – 3. sabe, sabe – 4. puede – 5. sabe, sabe – 6. puede – 7. sabe – 8. puedes – 9. sé – 10. puedo

7 1. Aprende idiomas. – 2. Estudia más. – 3. Bebe leche. – 4. Mira en el diccionario. – 5. Haz deporte. – 6. Pregunta por el Sr. Ruiz. – 7. Busca las llaves. – 8. Llámame por teléfono. – 9. Tráeme el periódico. – 10. Dime lo que necesitas. – 11. Lee el artículo. – 12. Dame las llaves.

8 1 1. casco antiguo – 2. vino – 3. pirámides mayas – 4. experto en arte – 5. flamenco – 6. España verde – 7. hijas – 8. paella.

2 1. El casco antiguo, que está en el centro de la ciudad, es muy interesante.
2. El vino es una bebida que normalmente se toma con la comida.
3. Las pirámides mayas, que están en Guatemala, son muy antiguas.
4. El Sr. Meyer, que es un experto en arte, visita a la familia Torres.
5. El flamenco, que es un baile típico de Andalucía, es muy romántico.
6. La España verde, que es la región con mas lluvias de España, está en el Norte.
7. Isabel y Ana Belén, que son muy simpáticas, son las hijas de los Torres.
8. La paella, que tiene calamares, está riquísima.

9 1 1. volver – 2. pensar – 3. dormir – 4. empezar – 5. cerrar – 6. pedir
2 Gruppenverben bilden den Imperativ der 2. Person Singular ausgehend von der dritten Person Singular des Indikativs.
Verben auf -ar haben die Endung -a und Verben auf -er und -ir haben die Endung -e.

10 1. mantenerme – 2. darme prisa – 3. se trata, se ocupa – 4. te sientes, te quedas – 5. me alegro, nos alegramos – 6. os vais, nos encontramos

11 **estar de acuerdo:** Claro que sí. – Tiene razón. – De acuerdo. – Por supuesto. – Si es así, mejor.
no estar de acuerdo: Al contrario. – Yo creo que no.
sentirlo: Lo siento. – lamentablemente – ¡Qué lástima! – ¡Qué mala suerte!

12 ¡A su salud! / ¡Salud! – Auf Ihre Gesundheit!
¡A la salud de su familia! – Auf die Gesundheit Ihrer Familie!
Estoy satisfecho. – Ich bin satt.
Muchas gracias por todo. – Vielen Dank für alles.
Al contrario, gracias a ustedes. – Im Gegenteil, ich danke Ihnen.
Ya saben, esta es su casa. – Sie sind hier jederzeit willkommen. / Unser Haus ist Ihr Haus.

13 A Hoy no puedo ir a casa para comer. Tengo que ir a comer con unos clientes.
B ¿Y a qué hora / cuándo vas a volver?
A No lo sé exactamente, pero (va a ser) tarde.
B De acuerdo. Yo tampoco voy a estar en casa. Esta tarde/noche voy a ir al cine con Amanda.
A ¿Os encontráis en la ciudad?
B Sí, vamos a comer unas tapas (allí).
A ¡Qué bien! Pues hasta luego.
B ¡Hasta mañana!

Lección 18 — Una verdadera catástrofe

1
1. 1-c; 2-a; 3-e; 4-b; 5-d
2. 1-d; 2-a; 3-b; 4-e; 5-c

2 1-b: una verdadera catástrofe; 2-d: el maldito ordenador; 3-f: grandes problemas; 4-e: la misma hora; 5-a: en mal estado; 6-c: varias veces

3 1-e: el cambio de programa; 2-a: los camiones de los transportistas; 3-d: la lista de precios; 4-b: el defecto del ordenador; 5-c: el código de la red; 6-g: la solución de los problemas; 7-f: la base de datos

4 1. caído – 2. paralizada – 3. defecto – 4. especialista – 5. revisado – 6. entiendo – 7. red – 8. solucionado – 9. fin – 10. café
Solución: catástrofe

5 terminar: he terminado – **has terminado** – **ha terminado** – **hemos terminado** – **habéis terminado** – **han terminado**
tener: **he tenido** – has tenido – **ha tenido** – **hemos tenido** – **habéis tenido** – **han tenido**
repetir: he repetido – **has repetido** – ha repetido – **hemos repetido** – **habéis repetido** – **han repetido**
hacer: **he hecho** – **has hecho** – **ha hecho** – hemos hecho – **habéis hecho** – **han hecho**
encontrarse: me he encontrado – **te has encontrado** – **se ha encontrado** – **nos hemos encontrado** – os habéis encontrado – **se han encontrado**
caerse: **me he caído** – **te has caído** – **se ha caído** – **nos hemos caído** – **os habéis caído** – se han caído

6 terminado – controlado – repetido – empezado – preparado – cargado – revisado – pasado – encontrado – pensado – parecido – podido – caído – hecho – dicho – puesto

7 1. ha podido, ha enfermado, – 2. ha ido, Ha viajado – 3. ha llamado – 4. Ha preguntado – 5. Ha dicho – 6. ha habido – 7. Ha caído – 8. ha podido – 9. Ha sido – 10. han arreglado

8 Lösungsvorschlag
1. Usted hoy ha comido en un restaurente.
2. Hasta ahora, Marta siempre ha viajado en barco.
3. Esta semana yo he comprado (algo) por internet.
4. José Luis y Anita nunca han tenido problemas.
5. Nosotros siempre hemos ido al trabajo en bici.
6. La secretaria ya ha escrito las cartas.
7. Los clientes todavía no han llegado.
8. ¿Habéis ido este año de vacaciones?
9. Hoy las chicas han desayunado en el bar.
10. ¿Adónde habéis ido este fin de semana?

9
1
1. Marta no/ni come ni bebe nada.
2. Hoy no están ni Daniel, ni Paula.
3. Yo no tengo ni tiempo, ni dinero.
4. Daniel no habla ni catalán, ni inglés.
5. Juan no/ni estudia ni trabaja.

2
1. Hoy pago yo. – De eso, ni hablar.
2. ¿Han terminado ya? – No, no hemos ni empezado.

10 Usted ... quiere explicar algo. – Resulta que ...
habla por teléfono y no oye bien. – **¿Cómo dice? / ¿Perdón?**
no ha comprendido lo que ha dicho la otra persona. – **No he entendido, ¿puede repetir, por favor?**
quiere saber si todo va bien. – **¿Todo en orden? / ¿Todo bien?**
anuncia que va a llamar al día siguiente. – **Llamo mañana otra vez. / Vuelvo a llamar mañana.**

13 Lösungsvorschlag
1. Siempre he dicho que los ordenadores no son buenos.
2. No entiendo por qué los han comprado.
3. Acaba de llamar "El Corte Español".
4. El señor González ha dicho que el chocolate no ha llegado bien.
5. Hasta ahora nunca ha habido / hemos tenido problemas y, ¡ahora ya es la segunda vez en este año!
6. He llamado al transportista y he preguntado qué ha pasado.
7. El señor Molina cree que el chocolate ha estado al sol.
8. Nunca hemos tenido tantos problemas.